1870 21

—

SÉJOUR DE HENRI III A ROUEN

EN 1588

SOCIÉTÉ

DES

BIBLIOPHILES NORMANDS.

N° 52.

—

MINISTÈRE DE L'INSTRUCTION PUBLIQUE.

SÉJOUR DE HENRI III A ROUEN

AUX MOIS DE JUIN ET DE JUILLET 1588

RECUEIL

D'OPUSCULES RARES ET DE DOCUMENTS INÉDITS

AVEC INTRODUCTION ET NOTES

PAR

CH. DE ROBILLARD DE BEAUREPAIRE

ROUEN

IMPRIMERIE DE HENRY BOISSEL

M.DCCC.LXX

INTRODUCTION.

La défiance que s'inspiraient réciproquement les catholiques et les protestants, la puissance de l'un et de l'autre parti, l'irritation excitée dans toute la France par des guerres civiles aussi longues que sanglantes, avaient rendu extrêmement difficile aux successeurs de François Ier l'exercice de l'autorité souveraine. Pour gouverner dans de pareilles conditions, une politique astucieuse comme celle de Catherine de Médicis ne pouvait longtemps suffire. Les difficultés ne firent que s'accroître lorsque le duc de Lorraine et le roi de Navarre se furent enhardis par leurs succès, eurent intéressé à leur cause les puissances étrangères, et réussi, au détriment de la royauté qu'ils éclipsaient, à attirer à eux la confiance du peuple. Il y avait d'ailleurs une circonstance bien propre à entretenir l'inquiétude dans les esprits : Henri III n'avait pas d'enfant. Tout le monde comprenait qu'à sa mort il faudrait ou renoncer à la loi de succession, réputée l'un des principaux fondements de l'Etat, ou se résoudre à voir monter sur le trône un prince qui ne manquerait pas, selon toute apparence, de faire de la religion qu'il professait celle du royaume. Telle était la redoutable question que Henri III voyait agiter entre ses sujets. A vrai dire, il n'avait guère que le choix entre deux ennemis qui étaient pour lui également à craindre, et qui aspiraient tous deux à lui succéder.

Les griefs, malheureusement, ne manquaient pas contre lui. Démentant de plus en plus les espérances que sa vaillante jeunesse avait fait concevoir, il s'était révélé comme un roi perdu de débauche, dépourvu de sincérité et d'énergie. On eut bientôt décrié un monarque qui s'abandonnait, pour ainsi dire, le premier, et appelé le mépris public sur ses favoris, compagnons de plaisirs dont on exagérait à l'envi le scandale.

On demandait qu'il les sacrifiât tous à l'intérêt général. On voulait aussi qu'il renonçât aux moyens détournés qu'il avait employés pour tirer de l'argent des contribuables tels que : nouveaux subsides sur les villes closes, aliénations du domaine, création d'offices, etc...

Ces expédients peuvent paraître assez mal imaginés, et il n'est pas douteux que, par suite d'une déplorable administration des finances, ils ne procurèrent que des ressources précaires et bien insuffisantes. Ce qui força d'y recourir, ce fut la crainte qu'une augmentation avouée des impôts ne fît sentir trop nettement au peuple sa misère et ne fournit aux récriminations des mécontents un prétexte, sinon plus sérieux, au moins plus aisé à exploiter. Il n'y avait pas, du reste, de loyauté à reprocher au gouvernement des mesures fiscales que la guerre dans laquelle on l'engageait rendait absolument indispensables.

Lorsque, sur la fin du mois de juin 1586, Henri III s'était rendu en personne au parlement de Paris pour y faire vérifier 26 édits portant création de nouveaux offices, il avait été fondé à dire aux conseillers : « Tant que j'ai peu avoir la paix, je vous ay fait assez paroistre combien je désirois réduire toutes choses en leur ancienne splendeur ; estant entré en cette guerre dont la despense ordinaire passe plus de 500,000 escus par mois, je suis forcé, de peur de vous perdre et moy avec vous, recourir à des moyens extraordinaires. » « Plusieurs, dit à ce sujet Palma Cayet, écrivirent pour et contre cette invention de créer offices. Ce fut un prétexte à la ligue des Seize avec lequel ils débauchèrent une infinité de menu peuple de l'obéyssance du roy. Il eust mieux valu ne rompre point les édits de pacification puisque l'on ne pouvoit faire la guerre sans argent, et que l'argent ne se pouvoit tirer sans la foulle du peuple (1). »

(1) Palma Cayet, édition de Buchon, I, p. 26, 27.

Au mois de mai 1587, parut un édit pour aliéner à faculté de rachat jusqu'à la somme de 2,000 écus de rente, en biens domaniaux. Au mois d'août de la même année, autre édit ordonnant de vendre, aux habitants de Rouen, 26,000 écus de rente sur la vicomté de l'Eau, ou sur la recette générale de Normandie. Au mois de janvier suivant, troisième édit attribuant à plusieurs catégories d'officiers, une augmentation de gages, mais avec l'obligation pour eux de payer, aux parties casuelles, certaines sommes d'argent suivant un état arrêté au conseil. Le roi déclarait ne recourir à ces expédients qu'à son corps défendant, après avoir recherché « tous moyens à lui possibles pour le soulagement de son peuple » et pour le paiement des gens de guerre nécessaires à la sûreté de son royaume. Il justifiait l'édit du mois d'août 1587 par la nécessité où il se trouvait de se mettre promptement en campagne à la tête d'une armée puissante pour s'opposer aux forces étrangères appelées par ceux de la nouvelle opinion.

Ces édits, malgré l'urgence, ne furent mis à exécution qu'assez longtemps après leur publication. Il est à remarquer que le premier, enregistré au parlement de Normandie le 26 février 1588, ne le fut à la chambre des Comptes que le 8 août; que le second ne le fut à la même chambre que le 15 juillet, bien qu'il eût pour objet cette campagne de 1587 contre les reîtres, et qu'enfin le troisième ne le fut que le 18 du même mois, et encore fallut-il des lettres de jussion et l'exprès commandement du roi plusieurs fois réitéré (1).

L'esprit d'opposition était plus sensible encore aux États de la province où l'on ne manquait jamais de faire le plus triste tableau de la situation du pays. Une année, on représente « le pauvre peuple comme réduit en telle nécessité qu'il n'avoit moyen de manger chair et ne pouvoit se nourrir que de fruitages et de laitages, ce qui étoit cause en partie de la contagion » (2). Une autre année, le tiers-état se plaint « de la mortalité et contagion de peste par la rigueur et injure de temps, inondations et desbordement d'eaues, en quoy on pouvoit apercevoir évidemment l'ire de Dieu » (3). D'autres fois, il est question « du nombre infini des pauvres mendiants,... des voleurs auxquels les campagnes étoient en proie... lesquels usoient de toutes les tyrannies dont les tigres et les barbares pourroient user envers le pauvre peuple ». Les églises ruinées dans les derniers troubles n'attestaient que trop, disait-on, à quelle perverse influence la province avait été soumise. Les campagnes continuaient à être désolées par les gens de guerre. Elles étaient ouvertes à leurs déprédations et

(1) *Archives de la Seine-Inférieure*, B. 7, f° VII^xx^ x, IX^xx^ vij.
(2) Etats, nov. 1584. *Bib. Imp.* L. 937. A 15.
(3) Etats, oct. 1585. *Ibid.* A. 10.

fermées au commerce. Les ponts n'étaient point entretenus. La plupart des villes, Rouen en particulier, étaient inaccessibles. Si les députés n'osaient faire peser sur le roi la responsabilité de tant de maux, du moins demandaient-ils qu'il en eût pitié et qu'il cessât de charger le pays d'impositions. Ils faisaient un reproche au gouvernement des fréquentes évocations que l'on se permettait au préjudice des juridictions locales et contrairement aux dispositions formelles de la Charte normande, grief d'autant plus soigneusement relevé que les juges et les avocats dominaient dans les assemblées provinciales (1). Ils lui rappelaient que les levées de deniers ne pouvaient être effectuées dans la province qu'après que les lettres patentes qui les ordonnaient avaient été vérifiées dans les cours en présence du procureur des États, formalité précieuse pour les contribuables, mais gênante pour le pouvoir et dont on prenait l'habitude de se dispenser, sous prétexte de nécessité urgente, comme si c'eût été un parti pris dans le Conseil « d'abolir la bonne volonté du roi à l'égard de ses sujets » et le privilége de tout temps reconnu aux députés provinciaux en matière d'impositions (2). Le cahier présenté à Henri III, le 15 janvier 1587, par les délégués des États n'ayant point obtenu de réponse favorable, une seconde démarche

(1) Remontrances des Etats, 22 déc. 1585. *Ibid.* A. 10.
(2) Remontrances des Etats, oct. 1587.

fut tentée par eux auprès du roi ; et, dans l'adresse qui lui fut remise à cette occasion, on inséra cette plainte : « Un tout seul article ne nous est relasché, ny à tout ce que dessus pourveu d'aucun remède, ce qui nous contraint (Sire) nous adresser à Votre Majesté afin que nous puissions tesmoigner à ceux qui nous ont envoyé que, faisans le devoir de nos charges, nous avons receu de votre propre bouche la dernière résolution de vos volontés et intentions. » Cette démarche n'eut pas plus de succès que n'en avait eu la première ; les États essuyèrent un refus formel, adouci pourtant par la politesse de la forme.

Les députés demandaient la diminution des charges, ce qui était naturel ; mais en même temps, par une contradiction flagrante, ils poussaient le roi à la guerre, en l'exhortant à sévir contre les hérétiques. L'esprit des *politiques* ne paraît avoir jamais prévalu dans leurs assemblées, et aux années 1581, 1588, moins qu'en tout autre temps. Les passions n'admettaient plus de temporisations, plus d'essai de pacification, sinon par la violence. La mémoire du chancelier de l'Hôpital était méprisée comme on le voit par un pamphlet en vers intitulé : *Description du politique de notre temps par un gentilhomme francois*, que nous voyons inséré dans un livret, imprimé à Paris en 1588 (1), portant

(1) Ce curieux livret fait partie de la bibliothèque de MM. de Merval, et c'est à eux que j'en dois la communication.

pour titre : « Le Recueil de toutes les Impressions les plus véritables, mises en lumière depuis le département du Roy, le XII de may 1588, jusques à présent, discourues toutes au long. » Nous croyons intéressant d'en citer quelques passages :

« Celuy qui fut l'autheur de l'erreur politique
Ce fut un grand vieillard, maigre, aride et hétique,
Portant l'œil enfoncé et le grave sourcy ;
Chargé d'ans et de poil, d'horreur et de soucy.
Comme le teint d'un mort pasle étoit son visage;
Sa teste ressembloit ung arbre sans fueillage.
Une longue toison de barbe luy pendoit
Qui bien loin du menton sur le sein descendoit.
Un prince que le ciel chérissoit de nature,
Trompé de son faux poil, en fist sa créature,
Et comme il estoit bon avec sa faveur
Le combla d'heur, de biens, de puissance et d'honneur. »

L'erreur politique, sous la plume du satyrique, devient bientôt un monstre, engendré par Satan, traître à Dieu, traître au roy, et qui ne vaut pas mieux que le huguenotisme, son frère, auquel il prête l'épaule :

Le poëte déplore que Henri III se laisse prendre aux piéges et aux belles paroles des politiques ou machiavélistes et s'égare, à leur suite, dans une voie fatale à la religion et à l'État. Il l'interpelle vivement en ces termes :

Ainsi soubs vostre nom se renforce le vice,
Ainsi soubs vostre nom se gorge la justice,

Ainsi soubs vostre nom se pert la piété,
Ainsi soubs vostre nom regne l'iniquité.
Car ostez leur ce nom, leurs attentes sont vaines;
Ils n'ont pour tous bastons que des raisons humaines,
Que le ciel ne cognoit comme rompant à bas,
Et moins encore Dieu, car ils n'y croyent pas.
Il est vray qu'en leur bouche ils font bien apparence
D'avoir le nom de roy en quelque révérence :
Mais couppez leur l'espoir d'en tirer quelque bien
Ce nom qu'il font si grand, demain ne sera rien.
. . . .
Si le roy, pour plaisir, les essaiz en veut faire
Qu'il les face brusler comme faisoit son père,
Qu'il prenne pour patron son grand pere François,
Qu'il esleve contre eux et roidisse les loix,
Vous les verrez bondir agitez de furies,
Crier contre le roy, faire des alithies,
Bourdonner parmy l'air, se monstrer animez
Comme font les freslons quand ils sont élancez.

On ne trouve guère plus de modération dans la remontrance faite, au nom du chapitre, à d'Epernon, à son entrée dans l'église cathédrale de Rouen, le 5 mai 1588. Là encore, on se plaint de la connivence des politiques avec les hérétiques, et l'on réclame les mesures les plus rigoureuses contre ceux qui contreviennent à l'édit de réunion. On y déclare qu'il ne faut plus « laisser les loups avec les brebis, les renards avec les poules, les hérétiques avec les catholiques, comme veulent persuader au roy ceux qui ont été nourris à l'école de cet athéiste Machiavel. » L'entrée du nouveau gouverneur à Rouen, le jour de l'Invention de la Sainte-Croix, jour auquel, 26 ans auparavant, les protestants en avaient fait une en la même ville, si cruelle et si violente, devait leur être, par un juste retour, « sinistre et pernicieuse et un commencement de leur ruine et confusion. »

Que pouvait Henri III pour apaiser des esprits aussi exaltés? Il n'avait que trop secondé ces colères; il n'en était plus le maître ; elles l'entraînaient au-delà des bornes ou il eût été de son intérêt de s'arrêter (1).

L'édit de juillet 1585, qui avait aboli l'édit de pacification, avait prononcé le bannissement des ministres protestants et fixé à tous ceux de la nouvelle opinion un délai de six mois pour faire profession de la religion catholique, faute de quoi ils devaient sortir du royaume et vendre leurs biens Une pareille sévérité s'explique et s'excuse jusqu'à un certain point par la révolte ouverte des Huguenots, par l'état de guerre où l'on se trouvait alors. C'était une peine qui frappait des rebelles armés plus encore que des dissidens. On crut devoir abréger le délai parce que, sur plusieurs points du royaume, les protestants avaient organisé la résistance à main armée et s'étaient

(1) « La ruyne... de l'hérésie estoit la paix, que ce bon roy avoit « donnée à ses subjects. La ligue des catholiques ne trouva bon ceste « procédure; elle voulut que le roy y appliquast le fer et le feu et le « contraignist de rompre la paix et entrer en guerre ... Ceste guerre « a esté une guerre d'estat et non pas une guerre pour la religion. » Palma Cayet, I, 6.

emparés des deniers du roi L'édit du 7 octobre 1585 n'accorda plus qu'un délai de 15 jours, passé lequel, il était enjoint de procéder à la vente des meubles de ceux qui s'étaient élevés en armes et de placer leurs immeubles sous le séquestre, en réserve pour être mis ultérieurement à la disposition de leurs enfants ou de leurs héritiers. L'argent provenant de la vente des meubles et de la régie des immeubles devait être affecté au paiement des gens de guerre qu'il avait fallu enrôler pour pacifier le pays. Ces édits ne reçurent qu'une exécution incomplète. Les protestants eurent recours à des subterfuges. Beaucoup obtinrent des prolongations de termes sous divers prétextes, d'autres firent faire opposition aux ventes par de prétendus créanciers. Cette opération, dont il semblait qu'on pût attendre un produit considérable, fut à peu près infructueuse pour le trésor. Ainsi, il résulte de « l'état des deniers provenant de la vendue des biens meubles et des revenus d'héritages situés en la vicomté d'Orbec, de ceux qui avaient pris les armes contre le roi, du mois de novembre 1585 au 14 juin 1587 », que cette confiscation valut au roi, pour toute cette vicomté, la somme de 280 écus. La même opération dans la vicomté d'Auge, pour la même période de temps, n'avait produit que 122 écus (1).

(1) *Archives de la Seine-Inf.* Bureau des finances, ordonnances du 22 juin et du 6 juillet 1567. — Peut-être, pour quelques vicomtés,

On se plaignit alors, de toute part, que les édits étaient mal exécutés, et ce fut, sans doute, pour donner satisfaction à l'opinion publique que fut publiée, à la date du mois d'octobre 1587, l'*Instruction pour l'exécution des édits du roi sur la saisie et vente des biens de ceux de la nouvelle opinion* (1).

Le mois même où elle fut publiée, les Etats de Normandie (octobre 1587) inséraient cet article dans leur cahier de remontrances :

« Les Etats en général, se complaignent de ce que, au préjudice de l'édit fait par S. M. pour l'union de tous ses subjects en l'église Catholique Apostolique et Romaine, par lequel il est enjoint à ceux qui ne voudront vivre en la dite religion de vuider le royaume dans certain temps, et néantmoins leur ont esté expédiées lettres de prolongation de demeurer, ce qu'ils ne peuvent estimer estre venu

faut-il expliquer le peu d'importance des fonds provenant des confiscations par l'abandon qui avait été fait à des particuliers des biens des protestants. — Ainsi nous voyons, le 5 août 1587, présenter au Bureau des finances de Rouen des lettres du roi du 22 février précédent, par lesquelles il ordonnait de mettre le cardinal de Bourbon en possession de biens saisis sur ceux de la R. P. R. portant les armes contre S. M., jusqu'à concurrence de 5,570 écus de rente, en remplacement des abbayes de Saint-Michel et de Notre-Dame-des-Chastelliers en l'île de Ré, détenues par ceux de ladite religion.

(1) Fontanon, *les Edicts et Ordonnances des rois de France*, M.DCXI, IV, 355.

par la volonté du Roy. » Et Henri III se crut obligé de répondre : « Le Roy n'a accordé qu'à quelques femmes enceintes ou malades ou qui avoyent quelque autre incommodité; encores a ce esté pour les ramener par patience et douceur. »

En 1588, cette vente fut opérée avec plus de sévérité. Le 8 avril, le roi manda par lettres patentes au Bureau des finances de Rouen de déléguer un commissaire qui se transporterait à Arques, Dieppe et autres lieux, se ferait représenter les actes de saisie et de vente des meubles des protestants, et ferait faire des contraintes pour le paiement des arrérages. Vers le même temps, on enleva aux Bureaux des finances la compétence pour juger des oppositions, et on l'attribua à une chambre du Conseil établie pour cela au Trésor à Paris. Les états des biens se dressaient en général par les officiers des bailliages et des vicomtés. Ils étaient remis aux receveurs ordinaires qui avaient à en opérer le recouvrement. Mais là commençaient les difficultés. La qualité des personnes, l'opinion religieuse n'étaient pas toujours notoires, et les receveurs ne s'aventuraient pas sans hésitation dans des campagnes ravagées par les gens de guerre et par la contagion (1).

L'exaltation était grande partout, mais surtout à Paris,

(1) *Archives de la Seine-Inf.* — Bureau des finances, ordonnance du 8 avril 1588 ; lettres patentes datées de Chartres, 26 mai 1588, etc.

« l'exemple et la lumière des autres villes du royaume ». Henri III y avait été froidement accueilli à la fin de l'année 1587, dans un temps où il n'y aurait eu que justice à lui rapporter une part de l'honneur de cette campagne qui avait eu pour résultat d'empêcher l'armée étrangère de passer la Loire et d'opérer sa jonction avec le roi de Navarre et s'était terminée par un traité avantageux à la cause catholique. Mais la passion était telle qu'il n'y eut plus pour le roi que dénigrements et accusations injurieuses ; et pour le duc de Guise qu'enthousiasme et louanges outrées. A en croire les ligueurs, c'était Henri III qui avait appelé lui-même en France les étrangers contre lesquels pourtant il s'était mis en campagne ; et c'était le duc de Guise qui, trompant les intentions du roi, les avait défaits à Vimori et à Aulneau, et avait par ce double exploit sauvé la patrie et la religion.

L'irritation longtemps excitée par la faction des Seize aboutit enfin, comme c'était à prévoir, à une révolte déclarée.

Les remuements qui se faisaient en Picardie en furent le prélude.

Le roi se préparait à se porter de sa personne en Poitou, pour contraindre ceux de la nouvelle opinion à l'obéissance et à l'observation de l'édit de réunion. Pour cela, il avait donné ordre au régiment de Picardie de se rapprocher de lui et de se loger en garnison, en attendant le départ, partie à Gisors, partie à Creil, partie à Beaumont. Mais les assemblées qui se faisaient en Picardie et dont il fut avisé, retardèrent l'expédition. Il s'imagina que c'était de ce côté que se formait l'orage qui devait fondre sur lui. Chemerault, qu'il avait envoyé dans cette province demander des explications au duc d'Aumale sur des actes d'autorité faits à l'insu du roi, tels que la prise d'Abbeville, la fortification de Pont-Dormi, n'en avait obtenu que des réponses outrageantes (1).

Le duc de Guise fit preuve de plus d'insolence encore.

Inquiet des Seize qui, de jour en jour, se montraient moins réservés à son égard et plus emportés contre ses favoris, le roi avait fait avertir le duc de Guise alors à

(1) Il avait été arrêté entre le roi, d'une part, et le cardinal de Bourbon et le duc de Guise, d'autre part, que le duc d'Aumale ferait sortir ses troupes du faubourg d'Abbeville. Pour décider celui-ci à l'exécution de cette convention, le roi, dans des instructions secrètes, « s'engagea, pour ayder à mectre les choses en quelque bon chemin, à donner l'ordre à un de ses régiments, en garnison du côté de Pont-Saint-Maxence, à ne point s'acheminer en Picardie avant le 10 mai. » C'était déjà abdiquer devant les rebelles. Il le sentait si bien, qu'il fit ajouter au bas de la lettre : « Ne sera rien baillé par escript du contenu cy-dessus, ne qu'il soit promis de façon que l'on le puisse tirer à conséquence pour l'advenir, ny qu'il ne soyt libre y mettre des garnisons quant bon luy semblera par cy après. » Cette instruction porte la date du 14 avril 1588. — *Bib. Imp.* Fr. 3402. — Voy. Palma Cayet, I, 49, et le *Journal de l'Etoile*, à l'année 1588.

Soissons, de ne se point présenter à Paris, dans la crainte que sa présence ne fournît un prétexte à la rébellion. C'était un devoir pour celui-ci de se soumettre. Mais sans tenir aucun compte de l'avis, bravant Henri III, il arriva à Paris le 9 mai, avec huit gentilshommes, et bientôt après on vit s'introduire dans la capitale un grand nombre de gens de son parti.

La désobéissance du duc de Guise, les intrigues de jour en jour moins secrètes des capitaines de la Ligue, les conjurations des Seize augmentèrent les soupçons du roi. Il résolut de faire sortir de Paris tous les gentilshommes qui y étaient venus à l'appel de ligueurs, sans prévoir les difficultés auxquelles donnerait lieu cette répression trop tardive. A ce moment encore, Paris l'inquiétait moins que la Picardie, où était le duc d'Aumale.

Le 12 mai, à la pointe du jour, il fit entrer par la porte de Saint-Honoré 12 enseignes, gens de guerre à pied français de sa garde, et 14 enseignes suisses, du régiment du colonel Gallati, avec ordre de se disperser dans les différents quartiers de Paris, de fouiller les hôtels, et de faire sortir les hommes étrangers et suspects (1).

(1) « Ambroise Bonvarlet, marchant, demeurant à Paris, confesse avoir reçu comptant de n. h. Me Germain Le Charron..., trésorier général de l'extraordinaire de la guerre... 322 écus et demi... pour vente, le 12 mai dernier, de 21 muids et demi de vin [livré] à Me Guillaume Saulger, garde général des vivres des camps et armées de

Cette mesure, dont l'exécution eût dû être confiée à des troupes plus nombreuses, eut pour effet de précipiter la crise qu'elle avait pour but de prévenir. L'émeute éclata dans tout Paris, et les troupes royales, trop faibles pour tenir tête aux révoltés, se virent cernées et comme emprisonnées dans les rues que l'on avait fermées au moyen de pavés et de barriques, d'où vint le nom des Barricades.

Se méprenant sur la gravité de la situation, Henri III espéra que ce mouvement s'apaiserait aussitôt qu'il aurait fait retirer ses troupes. Il leur en donna l'ordre, qu'elles n'auraient pu exécuter si le duc de Guise, se posant en arbitre entre le monarque et ses sujets révoltés, ne les eût dégagées lui-même et ramenées au Louvre. Pour sauver les apparences et ne pas paraître avoir le dessous, dans l'opinion publique, ce jour-là même, le roi adressait aux échevins de la ville de Rouen, la lettre suivante qu'on peut voir dans les archives de la ville.

« De par le Roy.

« Chers et bien amez, d'aultant que nous avons eu crainte qu'il advint tumulte en ceste ville, nous avons faict venir

France, pour employer à la nourriture des douze enseignes, gens de guerre à pied françois de la garde du roy et des quatorze enseignes suisses du régiment de collonel Gallati, que Sa dite Majesté feist entrer ledit jour en icelle ville de Paris. » *Tab. de Rouen*, *Meubles*, 9 juillet 1588.

ces jours ycy loger ès faulxbourgs d'icelle le régiment des Suisses que nous avons, il y a quelque temps, à notre service, et les avions ce matin faict entrer en ceste dicte ville et despartiz avec quelques enseignes des soldatz de notre garde en aulcunes des places et carrefours d'icelle sur plusieurs bruictz qui couroient qu'il s'y debvoit faire quelque esmotion. Mais voyant que, grâce à Dieu, les choses sont aultrement disposées, nous faisons retirer lesdits Suisses espérant que toutes choses demeureront à repos, dont nous avons bien voullu vous donner incontinant advis ad ce que vous teniez la main que votre ville puisse aussy demeurer en bon et paisible état soubz notre obéissance, selon la bonne affection que vous avez tousjours demonstrée au bien de notre service.— Donné à Paris, le XIIe jour de may 1588. Signé : Henry; plus bas : Pinart. »

Dès le lendemain, Henri III avait perdu tout espoir et se trouvait dans l'impossibilité de dissimuler le rude échec qu'on avait infligé à son autorité. Loin de s'apaiser par le retrait des troupes, la sédition n'avait fait que s'accroître. Déjà les prédicateurs parlaient d'aller prendre Henri de Valois dans son Louvre, lorsque vers cinq ou six heures du soir, sur un avis secret qui lui fut transmis, Henri III se décida à quitter Paris, laissant la direction des affaires à sa mère qu'on considérait, à tort ou à raison, comme ayant. par sentiment de jalousie et d'ambition, favorisé les troubles. Il sortit du Louvre à pied tenant une baguette à la main selon sa coutume, comme s'il allait se promener aux Tuileries. Arrivé là, il monta à cheval, se retourna vers la ville, jura de n'y rentrer que par la brèche, et alla coucher tout botté à Rambouillet (1).

Là, le roi eut à prendre parti sur le choix de la ville à laquelle il lui fallait demander un asile. Il songea tout d'abord à Beauvais et à Rouen. Mais à Beauvais, il avait trop à craindre du duc d'Aumale qui disposait de forces considérables et était un des plus chauds partisans du duc de Guise. Rouen n'était pas plus sûre. On pouvait le savoir par les rapports du duc d'Épernon. Les pompes de la réception qui lui avait été faite dans cette ville à son entrée, comme gouverneur de la province, le 3 mai 1588, ne l'avaient pas empêché de juger de l'impopularité qui s'attachait à sa personne, des difficultés qu'elle lui créerait dans son gouvernement. Il avait pu se convaincre aussi de l'hostilité ouverte ou cachée de ses lieutenants, notamment de Villars, auquel était confié l'important gouvernement de la place du Havre.

Le roi ayant reconnu qu'il ne pouvait aller sûrement à Beauvais ni à Rouen, songea alors à Chartres qui avait pour gouverneur le chancelier Chiverny. Celui-ci partit en avant pour disposer les habitants à la réception du

(1) De Thou, *Historiarum sui temporis*, *liber* XCI. — *Journal de l'Etoile*, à l'année 1588.

monarque fugitif, et dès le lendemain, Henri III le rejoignit accompagné du régiment des gardes et des Suisses (1). Il resta à Chartres jusqu'à la fin du mois; ce fut de là que, par l'entremise de sa mère, il essaya de traiter avec les rebelles. Le 19, il reçut la députation du parlement de Paris. Deux jours auparavant, il avait lancé un manifeste pour intéresser à sa cause tous ses sujets fidèles. Les ligueurs firent paraître dans le même temps, sous les noms du cardinal de Bourbon, du duc de Guise, des autres princes de Paris, et de toutes les villes catholiques du royaume, un mémoire contre d'Epernon et la Valette représentés comme suspects aux catholiques et fauteurs déclarés des sectaires. Le roi répondit à ce mémoire et annonça comme remède aux maux qui affligeaient le royaume la réunion des Etats généraux à Blois pour le mois d'août de cette année.

C'était une première satisfaction donnée à l'opinion publique. Henri III en donna une seconde, en abolissant, par un seul édit, trente-six édits fiscaux, dont la mise à exécution eût été, il est vrai, impossible, dans les circonstances où l'on se trouvait. La concession était trop tardive pour qu'on pût y voir autre chose qu'un aveu d'impuissance et une marque de faiblesse (2).

(1) *Mémoires d'estat de Mre Philippe Hurault, comte de Chiverny.*

(2) De Thou, *Historiarum sui temporis, liber* XCI. Cependant Groulart, dans ses *Mémoires,* nous apprend que cet édit fut en-

Peut-être, malgré son peu d'énergie, Henri III ne se fût-il pas prêté aussi facilement à écarter de sa personne le duc d'Epernon contre lequel les passions étaient tout particulièrement excitées et qui, d'ailleurs, avait contre lui, au sein de la cour, quantité d'envieux, le secrétaire de Villeroy et la reine-mère, si ce favori ne lui eût épargné la peine de prendre un parti.

Après les Barricades, le duc avait cru de son devoir d'aller rejoindre le roi à Chartres; il lui fut aisé de s'apercevoir que les sentiments de Henri III à son égard n'étaient plus tout à fait les mêmes, qu'au fond du cœur ce prince lui savait mauvais gré d'avoir été, quoique involontairement, en partie la cause des affronts que l'autorité royale avait subis. D'Epernon offrit sa démission de gouverneur de la Normandie et fit nommer à sa place François de Bourbon, duc de Montpensier. Cette démission ne pouvait être regardée comme une absolue disgrâce puisque d'Epernon obtenait, en échange du gouvernement de la Normandie, celui de l'Angoumois et de la Saintonge. D'autre part, la manière dont on s'était empressé de pourvoir à la place vacante par la démission de d'Epernon n'était point un avantage trop marqué pour le duc de Guise qui avait eu l'espoir d'y faire nommer un de ses partisans; Montpen-

registré au parlement de Normandie « avec un applaudissement extresme. »

sier, en effet, n'était lié par aucun intérêt au parti de la Ligue (1).

Dès lors, Henri III songea à quitter Chartres, et à venir à Rouen, qui passait alors pour la seconde ville du royaume, et dont la soumission était de nature à rendre un certain prestige à la royauté. Il n'y vint pas toutefois directement; il se rendit d'abord à Mantes et à Vernon et s'arrêta quelques jours dans l'une et l'autre de ces deux villes (2).

Un fait me paraît un indice de son inquiétude, sinon même de l'incertitude de ses projets. Etant à Vernon, il donna ordre au sieur du Mesnil, maréchal de ses logis et armées, de dresser une carte des villes, bourgs, bourgades, paroisses, villages, forêts et rivières des vicomtés d'Evreux, Conches, Pont-de-l'Arche, Beaumont et autres lieux (3).

Rien ne prouve mieux, du reste, la situation précaire où il se trouvait réduit que tout ce qu'il dut faire pour

(1) De Thou, *Ibidem*, même livre. — « Il ne fut pas difficile de faire la paix après que le duc d'Epernon fut retiré. » Davila, *Histoire des Guerres civiles de France*, trad. de L. Baudouin, 1657, I, 54.

(2) C'est à tort que Groulart donne le 9 juin comme date du départ de Henri III de Chartres pour s'acheminer à Vernon. — *Mémoires* de Groulart, édit. de Buchon, p. 554.

(3) *Archives de la Seine-Inf.* — Bureau des finances, ordonnance du 27 juin 1588.

rendre possible sa réception à Rouen. Il s'y fit précéder par plusieurs négociateurs qui furent chargés de rassurer les esprits et de préparer les voies. Le premier qui y fut délégué fut Jacques-Auguste de Thou, le célèbre historien, jeune encore, et qui était accouru auprès de Henri III aussitôt après les Barricades, avec Schomberg et Albert fils de Bellièvre, qui fut depuis archevêque de Lyon. Il lui fut recommandé de s'aider au préalable des conseils de Nicolas de Moy, sieur de Pierrecourt, l'un des lieutenants de la province, en l'absence du gouverneur. Il vit à Evreux l'évêque Claude de Saintes qu'il réussit à rattacher à Henri III. A Rouen il se présenta à la chambre des Comptes, à la cour des Aides, à l'Hôtel-de-Ville. Il parcourut ensuite Dieppe, Saint-Valery, Montivilliers et le Havre où il entretint, sans pouvoir rien en obtenir, Villars-Brancas, qu'il représente comme un orgueilleux vendu à la faction des Seize. Il se rendit aussi à Lisieux, Caen, Falaise et revint voir à la Mailleraye, Jean de Moy, vice-amiral de Normandie.

Partout, il s'efforça de prouver le catholicisme de Henri III par des faits tirés de sa conduite depuis le jour où le roi avait accepté la couronne de Pologne jusqu'aux dernières années.

Il avait annoncé aux échevins de Rouen l'intention que le roi avait de leur demander l'hospitalité, et il avait même traité avec eux des conditions auxquelles cette réception se ferait, démarche pénible que la sûreté du roi exigeait peut-être, mais qui semblait au-dessous de la dignité royale et d'un pernicieux exemple pour l'avenir. De Thou le constate lui-même avec tristesse : la lâcheté avait prévalu dans l'entourage du roi, et les conseils de la prudence y obtenaient sans hésitation la préférence sur ceux de l'honneur (1).

Après de Thou, ce fut le tour de d'Emery et de Ruzé de Beaulieu, conseillers et maîtres des Requêtes du roi, dont les lettres de créance sont datées de Chartres, 27 mai 1588, et enfin celui de Larchant, capitaine des gardes, dont les lettres de créance sont datées de Vernon, 4 juin 1588.

Si l'on en croit Davila (2), « de Thou parla bien au peuple et à tous ceux qui gouvernoient la ville avec une magnifique ostentation d'éloquence. Mais ce fut sans toucher ny les secrets intérets du premier président, créature du duc de Joyeuse, ny ceux du gouverneur et du comte de Tillières son fils, qui dépendoient en quelque façon du duc de Guise et de la Ligue. Ce qui obligea le roy d'y dépescher ensuite, avec un ordre plus exprès, Jean d'Emery, sieur de Villiers, gentilhomme de la mesme province de Normandie, et ce

(1) De Thou, *Historiarum, liber* XCI, p. 305 et suiv.

(2) *Histoire des Guerres civiles de France*, trad. de L. Baudouin, 1657, I, 519.

qui importoit le plus, très particulier amy du gouverneur. Celuy-ci ayant déclaré que le duc d'Epernon n'avoit plus ce gouvernement là et qu'on avoit esleu à sa place le duc de Montpensier...... appaisa fort les humeurs esmeues; puis s'abouchant en particulier avec le gouverneur auquel il promit pour son fils la survivance de sa charge (1) et pareillement avec le premier président auquel il fit espérer une bonne part en la faveur du roy et dans les principaux offices de la couronne, il mit les affaires en si bon estat que le parlement et le peuple, par une honorable ambassade qu'ils envoyèrent au roi, le prièrent de venir en leur ville dont le gouverneur envoya comme en ostage à la cour le comte son fils. »

Le savant historien du Parlement, M. Floquet (2) allègue contre Davila, parent d'Emery, le témoignage que le président Groulart se rend à lui-même dans ses *Mémoires*.

Ce qui, du moins, n'est pas contestable, c'est que la mission de d'Emery et de Beaulieu produisit de meilleurs résultats que celle de de Thou, qui n'a guère laissé de

(1) Dans un acte du 5 août 1588, messire Jacques Le Veneur, comte de Tillières, prend, comme son père, le titre de « l'un des lieutenants généraux de S. M. au gouvernement de Normandie. » *Tabellion. de Rouen, Meubles*, 5 août 1588. Cf. *Ibidem*, 11 août 1588.

(2) *Histoire du Parlement de Normandie*, t. 3. — On trouvera dans cet ouvrage, dont il serait superflu de faire l'éloge, un récit fort intéressant de la conduite du parlement pendant la Ligue.

traces que dans ses Histoires. Pas un mot dans les délibérations du chapitre de la Cathédrale ni dans celles de la ville pour signaler son passage à Rouen.

Le 3 juin, à la sollicitation de d'Emery, le Parlement décida que pour maintenir la ville dans l'obéissance du roi, les échevins fourniraient 1,200 écus qui seraient distribués par les ordres de M. de Carrouges. Le même jour d'Emery et de Beaulieu se rendirent à l'hôtel-commun. Ayant pris « place en deux chaires pour ce mises au bout de la table du grand bureau, attendu leur qualité de commissaires du roy, ils firent entendre la bonne volonté et amitié que S. M. portoit aux bourgeois, manans et habitans de cette ville et discoururent des troubles dernièrement advenus en la ville de Paris, prians et exhortans les habitans vouloir toujours maintenir et garder la ville sous l'obéissance de S. M. A quoy leur fut répondu par le sieur lieutenant, au nom de la compagnie, que la ville contiueroit toujours en son obéissance comme cy-devant elle avoit fait. » On mit alors en délibération cet arrêt du parlement dont nous venons de parler. Il fut arrêté que « M. de Carrouges et M. M. du parlement seroient suppliés de dispenser la ville des douze cens écus qui étoient demandés, tant *pour la conséquence* que pour n'avoir moyen de les fournir » (1).

(1) *Archives municipales. Registre des délibérations.*

Le lendemain 4, d'Emery fut reçu au chapitre de la Cathédrale et prit séance, par conclusion des chanoines, près du chantre Péricard, qui présidoit en l'absence du doyen. Il fit une longue harangue « sur ce qui s'estoit fait à Paris et sur les occasions pour lesquelles S. M. s'estoit retirée de Paris, comme du tout innocent des faulx bruictz qui couroient et que l'on avoit fait imprimer à des petits livretz ; et pour monstrer le contraire, il donna lecture des lettres de S. M. comme il faisoit profession du tout de catholicque, et promectoit y vivre et mourir et employer tous ses moyens à l'extirpation de l'hérésie ainsi comme il avoit fait jusques à ce jour. Ce fait, le chantre donna réponse et solution aux propos et harengue dudit sieur Emery, et finalement il fut conclu que ledit chantre donneroit réponse aux lettres de S. M. » Le lundi suivant, le chapitre entendit la lecture de ces lettres et y donna son approbation : elles étaient ainsi conçues :

« Sire, Votre Majesté n'a pensé que ce fut assez que, comme très humbles et très fidèles serviteurs, nous luy feussions obligez. Elle a voulu accroistre cette naturelle obligacion, nous faisans tant d'honneur que de nous rendre particippantz de ses conseilz, par la communication particulière que nous a faicte le sieur Emery de votre sainte intention, suivant la vôtre qu'il avoit pleu à Votre Majesté nous en escrire, dont vous mercyons très humblement. Noz actions ont assez faict cognoistre combien nous désirons sa conservation. Nos vœuz publicqz, nos prières continuelles aux oratoires destinez à cette fin et noz processions ordinaires en donnent un bien asseuré tesmoignage. Nous portons avec un indicible regret cette apparence de désunion qui ne peut rien promettre que trouble, désordre et confusion. C'est pourquoy de toute notre affection nous louons Dieu de ce qu'ayant pitié de nous il a voullu inspirer le cœur de Votre Majesté pour la faire tomber en une si bonne et sainte résolution, qui nous fait espérer une prompte réconsiliation au bien de votre estat, au soulagement de voz pauvres subjectz tant affligez, à l'establissement asseuré de l'Eglise Catholique, Apostolique et Romaine et ruine des hérétiques, qui jà se resjoissent et triumphent de noz malheurs. En espérance d'un si grand bien, à l'imitation de noz anciens pères, de cœur entier, nous continuerons nos très ardentes et très dévotes prières envers la divine bonté, et la supplierons très humblement qu'il vous donne un royaulme tranquille, une maison asseurée, un sage et fidèle conseil, un peuple traictable, et pour l'exécution de voz justes et vertueuses entreprises une forte et puissante armée, et au bien de tous, Sire, qu'il prolonge voz ans en toute prospérité et santé. — De Rouen, ce VIIe juing 1588. — Vos très humbles, très obéissantz subjectz les chanoines et chapitre de Rouen. »

Cette lettre, transmise à Vernon, fut « trouvée très agréable à S. M., mesmes à Messieurs les princes. »

La délibération de la ville, moins explicite, moins empreinte de respect et de soumission, laissait encore au roi quelque inquiétude. On a vu que les conseillers avaient demandé qu'il fût sursis à l'octroi d'un subside de 1,200 escus *pour la conséquence*, allusion assez peu déguisée à la crainte d'un mouvement populaire dont il n'y avait que trop de présages (1).

Larchant, capitaine des gardes, fut chargé de lever les

(1) Lettre du Bureau des finances de Rouen au chancelier : « Monseigneur, Nous avons receu les lettres closes du roy, par lesquelles S. M. nous mande qu'ayons, tous affaires cessans, à procéder à l'imposition des xv escus qu'elle nous a cy-devant mandé, par ses lettres patentes et commission, faire lever en chacun clocher et paroisse de cette generalité, aussi de semondre les bailliz et senechaulx de faire le semblable pour la subvention, à quoy nous avons satisfaict pour le regard de la subvention. Et pour la levée des xv escus pour clocher nous avons advisé, soubz le bon plaisir de S. M., de le surseoir pour quelque temps, à cause de la rumeur du peuple, sur les plaintes qu'il fait ordinairement et que aucuns mesmes ont faict à Mgr d'Espernon estant en ceste dite ville.. jusques ad ce qu'il soit plus retenu et apaisé, ayant esté contrainct à ceste occasion le commis recevant les droictz de la vicomté de l'Eaue quitter sa recette pour les entreprises qui se faisoient ordinairement contre luy et le saccager, à la perception desquels droictz anciens, seullement pour son absence, avons commis le receveur du domaine, à cause de l'interdiction à nous faicte de la congnoissance de la réappréciation des dits droits, ce que vous suplions faire entendre à Sa dicte Majesté, et si tost que le temps sera disposé pour procedder à la dicte levée, nous y employrons ainsy que nous est mandé... 23 may 1588. »

derniers obstacles. Il se présenta à l'hôtel-commun de la part du roi, le 6 juin 1588. Il exposa « que S. M. étant advertie du bruit que aucuns malveillans faisoient semer et courir parmi la ville que, si elle y venoit, ce seroit avec garnisons et pour faire levée de deniers, elle l'avoit chargé de protester qu'elle n'y avoit pensé. Tant s'en falloit. Si elle y venoit, ce seroit avec son train ordinaire et au soulaigement de tous les habitans d'icelle ville.

« A quoy par Jean Bigot, lieutenant particulier du bailli de Rouen, qui présidait l'assemblée, lui fut témoigné et fait entendre la bonne affection et obéissance que la ville avoit toujours eue envers Sa Majesté, en laquelle elle continueroit et persévéreroit à l'advenir, le priant le vouloir ainsi réciter à S. M. »

La ville ne s'en tint pas à cette protestation; elle dépêcha au roi quelques conseillers pour lui offrir de venir à Rouen, l'assurer qu'il y serait bien reçu et lui demander, en même temps, quelques preuves de sa bienveillance envers les habitants, ainsi que Larchant le leur avait fait espérer. C'était comme le prix de l'hospitalité que la capitale de la Normandie consentait à donner au roi.

Henri III se trouvait dans une situation trop critique pour ne pas se montrer conciliant. Il accorda aux députés toutes leurs demandes. Il déchargea les Rouennais de la somme de 28,000 écus à laquelle ils avaient été taxés, au mois de mars dernier, pour leur cote-part de la subvention pour la solde de 50,000 hommes de pied. Il révoqua le nouvel impôt des toiles, la réappréciation de la vicomté de l'Eau qui avait tout particulièrement indisposé la ville, et que les Etats de Normandie, dans leur dernier cahier, avaient qualifiée de mesure détestable et abominable (1). Il décida que les rentes constituées sur le précédent subside seraient assignées sur les deniers de la recette générale de Rouen. Il voulut enfin que les Rouennais pussent jouir de nouveau et sans trouble, du privilége qui leur avait été très anciennement accordé par Henri d'Anjou, duc de Normandie, suivant lequel, dans toutes leurs causes, soit pour gages, achats de blés, meubles et héritages, ils ne pouvaient être poursuivis, recherchés, ni contraints ailleurs que par devant le bailli de Rouen. Cette faveur était fondée sur les marques que les habitants donnaient au roi de leur fidélité.

En leur annonçant d'aussi larges concessions, Henri III eut bien soin de recommander aux députés de ne pas manquer d'en informer le peuple. Ce fut pour se conformer à ce désir, que le conseil de la ville, aussitôt après avoir entendu leur rapport, ordonna que, le jour même, dans la

(1) Lettres patentes du 6 juin, enregistrées à la cour des Aides, le 20 juin; Ordonn. d'enregistrement au Bureau des finances, 11 juillet. Il y eut, en conséquence de ces suppressions, des demandes de rabais formées par les fermiers. Le roi se réserva d'y faire droit aux Etats généraux.

soirée, il serait fait une assemblée générale où l'on donnerait lecture des lettres patentes que l'on venait d'obtenir. Cette assemblée eut lieu dans la grand' salle, et fut fort nombreuse. On y fit « amples remonstrances de la bonne volunté et affection que portoit le roy à la ville, des bienfaits qu'elle venoit d'en recevoir, bienfaits qui devoient esmouvoir d'avantage à lui conserver la fidélité et obéissance qui lui étoit due. » On exhorta « tous les habitans en général à y persévérer et eux maintenir; oster tous faulx bruictz que l'on pourroit semer pour les divertir du service de S. M. On pria les présents de faire savoir ce que dessus aux absents, et par mesme moyen les exhorter de se maintenir et conserver sous son obéissance. » — Ce qui prouve la gravité des circonstances, c'est que les échevins, après avoir mis en délibération, avant d'entrer dans la grand' salle, le point de savoir si l'on parlerait au peuple du dessein que l'on avait « d'inviter le roi à venir à Rouen », avaient reconnu, à la pluralité des voix, qu'il serait plus sage de n'en rien dire « pour beaucoup de raisons alléguées. »

Ce fut donc de leur chef, en simple assemblée des Vingt-Quatre, que les conseillers se déterminèrent « à députer quelques-uns d'entre eux pour aller remercier le roi de la gratification qu'il avait faite à la ville, et « là où S. M. leur déclareroit qu'elle désireroit y venir, lui faire entendre qu'il y seroit le très bien venu. » Les députés furent Octovian Bigot, sieur d'Esteville, Simon le Pigny sieur des Costes, conseillers et échevins; Jean Voisin, sieur de Guenonville, ancien conseiller et secrétaire du roi, Jean Colombel, procureur syndic, Robert Gosselin, quartenier.

On n'aura pas, sans doute, manqué de faire attention à ces mots : « Et là où S. M. leur déclareroit qu'elle désireroit y venir. » Ne point s'opposer à la volonté du roi, c'était tout ce que les échevins, après y avoir mûrement réfléchi, croyaient pouvoir faire, partagés qu'ils étaient entre la crainte d'encourir sa colère, et celle de fournir un prétexte à une sédition. Une conduite aussi réservée prouve que les appréhensions de Carrouges n'étaient pas sans fondement (1) et confirme aussi ce récit du président Groulart :

« On nous députa messieurs le président de Courvaudon, La Vache et Benesville, conseillers, et moy pour l'aller saluer (le roi à Vernon,) et faire offre du très humble

(1) Il est avéré pour nous que Carrouges n'était pas le seul à craindre un soulèvement à Rouen, à l'arrivée du roi. Les délibérations de l'Hôtel-de-Ville sont déjà assez significatives; celles du Bureau des finances ne le sont pas moins. — Le 3 juin, le Bureau commet le sieur de La Barre pour aller exprès trouver le roy, « pour sçavoir sa volonté sur le fait de la voiture des deniers de la recette générale des Finances à Rouen et sûreté d'iceux, attendu la rumeur et bruit estant en la ville de Rouen. » — Le 6 du même mois, il or-

service que nous lui debvons; et nous rendismes à Vernon le dimanche 12 de juin; et l'ayant trouvé à son lever luy fismes entendre l'occasion de nostre venue. Il nous commanda de nous en retourner, et que le dit jour il iroit coucher à Rouville et le lendemain à Rouen. Sur quoy fault notter que le comte de Tillières, ayant épousé la belle-sœur de M. d'Elbœuf, avoit secrettement, encore qu'il n'en feist semblant, faict profession de la Ligue; de sorte qu'ayant entendu que le roy venoit à Rouen, il se fascha fort; et de fait, le treizième de juin, comme nous nous préparions à recevoir le Roy, ils advisèrent ensemble, le père, le sieur de Chemerault et luy, d'envoyer dire au Roy que le peuple estoit fort esmeu, qu'il y avoit danger de sédition et qu'il valoit mieux que l'on différast au lendemain: ce qu'ils faisoient affin d'avoir loisir d'exciter le peuple et luy persuader qu'on vouloit mettre des garnisons; ce qui, sans doute, eust fait résoudre les mutins à dénier l'entrée au Roy qui, sur cet advis, estant en grande perplexité me dépescha le sieur Miron, son premier médecin, par lequel il

donne « qu'il seroit délivré ordonnance à M. Henri Dambray, receveur général, de payer aux receveurs et paieurs des gages et officierz de la court de Parlement, chambre des Comptes et cour des Aides à Rouen les gages desd. officiers du présent quartier d'avril, encor qu'il ne fût escheu pour éviter à la perte des deniers du roy et aux inconvénients qui y peuvent arriver sur les continuelles rumeurs estant en ceste ville. » *Archives de la Seine-Inf.* Bureau des finances.

m'escrivist de sa main des lettres fort favorables, que l'on verra avec celles que je garde ; et me mandoit que, suivant l'advis que nous prendrions ensemble, qu'il se résoudroit à venir ou non. Ces lettres me furent baillées dans le parlement ; et ayant conferé ensemble, je lui représentay l'importance du fait ; que je n'estois pas sy présomptueux que de vouloir asseurer une chose si précieuse qu'une personne de roy, et que, s'il y avoit quelque conspiration contre sa personne, qu'elle ne s'exécutast ou qu'on ne luy tirast un coup d'arquebuze par une fenestre, ou quelque autre malheur semblable ; mais que je pouvois bien luy dire que les gens de bien ne désiroient rien tant que veoir le Roy et qu'en tout cas, je croyois que, s'il n'y venoit la journée, qu'il n'y entreroit jamaiz. Retourné, il feit résoudre le Roy à venir, dont nous receusmes tous beaucoup de joye » (1).

Le 13 juin, le roi vint à Rouen, et y fut reçu avec le cérémonial accoutumé et toutes les apparences de l'allégresse publique (2). Ces cérémonies qui lui auraient semblé banales en tout autre temps, et auxquelles il avait voulu se dérober, lorsque, dix ans auparavant, il était venu dans la même ville, sans appareil et presque comme un simple

(1) Au chapitre premier des *Mémoires de Messire Claude Groulart*, publiés par Buchon.

(2) *Perhonorifice à Tanaquillo Venatore Carrugio et Jacobo Tilleriæ comite, filio, ac cunctis urbis ordinibus instructis, summaque in speciem lætitia exceptus.* — De Thou, *lib.* XCI.

particulier, le flattèrent agréablement. Il y vit une sorte de protestation contre les outrages qui lui avaient été faits à Paris, et le prélude du rétablissement de son autorité. Il affecta la plus grande bienveillance à l'égard des habitants de Rouen; il les reçut familièrement à l'hôtel abbatial de Saint-Ouen qui avait été choisi pour sa résidence, et parut plusieurs fois au milieu d'eux, dans des fêtes publiques.

La ville lui offrit « un bal, une collation de confitures en la maison commune, avec jeux, instrumens, et danse en toute honnêteté »; elle lui offrit aussi le spectacle d'ébats nautiques sur la Seine. Il y assista du pont où on lui avait préparé une magnifique *feuillade lambrissée de beaux tapis*. On trouvera une ample description de ces fêtes dans le livret de Jean de Séville, que nous publions.

La veille du Saint-Sacrement, le roi se rendit aux vêpres à la cathédrale, et le lendemain il assista dans la même église à la grand'messe et à la procession, accompagné des personnages de sa cour, des conseillers du parlement, en robe rouge, portant tous à la main des torches aux armes de France et de Pologne. Il avait trop d'intérêt à détruire les soupçons que les ligueurs avaient répandus sur la sincérité de sa foi, pour ne pas saisir toutes les occasions qui se présentaient d'en donner au peuple des preuves éclatantes et publiques. Aussi ne manqua-t-il pas de visiter les églises et de se rendre aux oratoires, dont la mode s'était introduite en

France depuis peu d'années. « *Reliquum mensem*, dit l'historien de Thou, *inter spectacula navalia, quæ repetitis vicibus exhibita sunt, quasi in alto otio, exegit et ad alia atque alia templa ad sacrum audiendum, ut se populo spectandum præberet, cotidie pedes itabat* » (1).

Larchant avait promis aux échevins que, si Henri III venait dans Rouen, ce ne serait qu'avec son train ordinaire, tant les villes avaient alors horreur des garnisons. Le roi amena cependant avec lui plusieurs compagnies de ses gardes du corps sous la charge de ce même Larchant, de Manou, de Clermont d'Entraigues ; sa garde écossaise sous la charge du sieur de Chasteauvieux ; sa garde Suisse sous la charge du capitaine Reguet (2). Il s'était fait suivre aussi d'une partie de son artillerie, ce que révèlent la présence à Rouen, dans le temps où il y était, du grand maître Phillebert de la Guiche, de Bourderel, trésorier général de l'artillerie, du colonel des pionniers et de quelques capitaines ordinaires du charroi de l'artillerie (3), men-

(1) De Thou, *liber* xcc.

(2) *Voir* les notes à la fin de ce mémoire.

(3) Jacques Borel, capitaine ordinaire du charroi de l'artillerie à la suite de la cour (résidant habituellement à Tours). *Tabellion. de Rouen, Meubles*, 19 juillet 1588. — François Trillouf, conducteur dudit charroi. *Ibid.*, 9 juillet. — Pierre Bouchery, colonel des pionniers de l'artillerie. *Ibid.*, 21 juin. — Mention de 3,000 écus assignés à Bourderel, pour le paiement des chevaux d'artillerie et officiers d'icelle,

tionnés comme étant la suite de la cour. Quelques travaux furent faits au magasin d'artillerie de Rouen, qui servait alors de dépôt d'approvisionnement pour les villes voisines. — Il y avait de plus, pour maintenir l'ordre, à Rouen, pendant le séjour du roi, les compagnies de Carrouges, la Cinquantaine et la garde bourgeoise. La Cinquantaine existait à Rouen, de temps immémorial. La garde bourgeoise, au contraire, était d'institution récente.

depuis la ville de Lisieux jusqu'à la ville de Rouen. *Ibid.* 2 juillet. — Fournitures faites au magasin de l'artillerie de Rouen et payées par ledit Bourderel. *Ibid.*, 1er juillet. — 2 milliers de poudre à canon, prise au magasin de Rouen, livrée au capitaine La Motte, qui devait la faire transporter à Pont-de-l'Arche et la remettre au sieur de Vitry-Cobert *Ibid.*, 21 juin. — Bourderel paya encore à Guillaume Tardif, commissaire de l'artillerie, 83 écus, pour un voyage sur chevaux de poste de Chartres à Tours, Angers, Poitiers, Tours et de Tours à Rouen; il s'agissait de donner des ordres pour que le roi trouvât des pièces d'artillerie dans les lieux où il devait passer. *Ibid.*, 17 juin. — Jean Eschart, maître boulanger, demeurant à la Roche-Guyon, Joachin Vaquart, maître boulanger, demeurant à Paris, à la suite du roi, déclarent à Ruzé que, suivant son commandement; ils ont acheté une mine de blé, les deux parts froment, le tiers seigle, mesure de Rouen, pour en faire un essai; ils promettent de suivre l'armée partout où elle marchera; rendre pour 720 l. pesant dudit blé VIIIxx pains de munition, entre bis et blanc, beau, bien fait et bien cuit, du poids de 12 onces, cuit et rassis. *Ibid.*, 25 juin. — Une partie des Suisses était allée loger à Evreux. *Archives de la Seine-Inf.* Bureau des finances. Ordonnance sur lettres patentes du 27 juillet 1588.

Pendant plusieurs années, elle n'avait eu que quatre capitaines, un par quartier. L'élection s'en faisait publiquement et en pleine assemblée à l'hôtel-commun. En 1588, le nombre en avait été porté à 12, et une nouvelle élection avait eu lieu en présence et de l'avis de Carrouges, des présidents du parlement et des échevins.

Henri III sut reconnaître leur fidélité. Il fit payer au comte de Tillières 15,000 écus dont je ne saurais dire l'emploi (1). Il augmenta d'un tiers, (5 écus sol) les gages annuels des capitaines, lieutenants et compagnons de la Cinquantaine en considération de ce que, au moyen des troubles, on avait ajouté à leur service la garde du fort Sainte-Catherine où ils étaient journellement occupés (2). Il attribua des traitements aux officiers de la garde bourgeoise ; 100 écus à chaque lieutenant, 50 à chaque enseigne, 30 à chaque sergent, le tout faisant 2,520 écus à prendre sur l'imposition de 15 écus pour clocher (3). Il donna, de plus, des lettres patentes en forme d'édit (Rouen,

(1) *Archives de la Seine-Inf.* Ordonnances du Bureau des finances de Rouen, 15 et 23 juillet 1588, en vertu de lettres patentes du 8 du même mois. — Le 29 juillet de la même année, le roi fit également payer 1,000 écus à Du Raullet, commandant au Pont-de-l'Arche.

(2) Lettres patentes du 6 juillet 1588. *Ibid. Mémoriaux de la chambre des Comptes*, B f° IXxx, IIIv°.

(3) *Ibid.* Ordonnance du Bureau des finances du 23 juillet 1588, sur un mandement du trésorier de l'épargne, du 18 juillet 1588, adressé à Henri Dambray et lettres patentes sur icelui.

juin 1588), par lesquelles, en reconnaissance des bons et louables déportements des 12 capitaines commis à la garde de la ville, il ordonna qu'eux, leurs enfants et postérité, nés et à naître en loyal mariage seraient honorés du titre de noblesse. Des lettres particulières devaient leur en être expédiées. Le même édit permettait à ceux d'entre eux qui seraient de race noble ou qui ne voudraient pas accepter pour eux le titre de noblesse, de nommer, chacun d'eux au roi, un de leurs parents et amis de la province de Normandie pour être anobli (1).

(1) En vertu de ces lettres furent anoblis Nicolas Carrey, fils de feu Jean Carrey, sieur de Bellemare, l'un des 4 capitaines de Rouen, Pierre Deudemare, sieur du Basset, « lequel, dès ses jeunes ans, s'était distingué en la terre de Grenade contre les Maures. » Nicolas Larcher, général en la cour des Aides, en même temps que l'un des 12 capitaines, présenta Jean Estienne, sieur du Vigneral, contrôleur des tailles de l'élection d'Argentan. — Pendant son séjour à Rouen, Henri III anoblit encore Jean Berruier, secrétaire ordinaire de la chambre du roi et de la reine, commissaire ordinaire de la marine du Ponant, capitaine des ports de mer de Saint-Pierre-en-Port et des Grandes-Dalles; — Claude de Bordeaux, sieur de Boisgarenne, président au présidial du bailliage de Gisors; — Jacques Cavelier, sieur de Bernemesnil, président présidial au bailliage de Rouen; — Pierre de Touppin de Bolleville, vice-bailli au bailliage de Rouen; — Jacques de Verdun, âgé de 75 ans, procureur commun au parlement; — trois bourgeois de Rouen : Pierre de Guillotz, sieur de Touffreville-sur-Cailly; Thomas Dupont; Christophe Le Fondeur sieur de Sizy, ce dernier pour services rendus à Rouen « dans les nouveaux remuements. » *Archives de la Seine-Inf. Mémoriaux de la cour des Aides.*

Pendant son séjour à Rouen, Henri III accueillit favorablement toutes les plaintes ; et sans essayer de justifier les abus qu'on lui signalait dans les diverses branches de l'administration, il s'efforça de calmer les esprits, en faisant luire aux yeux de toute la nation, contre l'avis de quelques-uns de ses conseillers, l'espérance d'une assemblée générale des Etats du royaume destinée à ouvrir une nouvelle ère de concorde et de félicité publique. En attendant, il se prêta, sans marchander, à toutes les concessions qu'on s'empressa de lui demander.

Il dispensa successivement toutes les villes et gros bourgs de la province de la subvention à laquelle ils avaient été taxés pour leur part de la solde de 50,000 hommes (1).

(1) Dieppe avait été taxée à 2,000 écus; elle avait obtenu, dès le 25 avril 1588, décharge du tiers de cette somme; mais les autres villes durent les décharges qu'elles obtinrent à la pression que les événements exercèrent sur le roi. — 30 mai, Verneuil, taxe réduite de 560 à 160 écus; — 4 juin, Argentan, décharge de 266 écus, qui restaient à payer; — Gisors, taxe réduite de 400 à 200 écus; — 6 juin, Rouen, décharge complète de 2,800 écus de la subvention; — 22 juin, Honfleur, taxe réduite de 533 à 266 écus; — 27 juin, Louviers, taxe réduite de 1,200 à 600 écus; — 6 juillet, Lisieux, taxe réduite de 900 à 527 écus; — 13 août, Pacy, taxe réduite de moitié; — 24 août, Nonancourt, taxe de 106 écus, réduite d'un tiers. — Evreux, taxée à 1,000 écus, avait été tenu quitte pour la moitié de cette somme, et Saint-Valery-en-Caux (28 juin 1588) avait obtenu la remise de deux quartiers des

Les communautés de métiers, les établissements religieux profitèrent à leur tour de la facilité du roi. Déjà, par lettres patentes datées de Vernon, 6 février 1588, le roi avait déchargé les maîtres et gardes du métier de drapier drapant du sceau de la ville de Rouen, de la somme de 66 écus sur le prix de la ferme du sol pour livre de la draperie. Le 21 juin 1588, il les déchargea de la somme de 2,000 liv. faisant moitié de la somme pour laquelle ils avaient composé avec le fermier du sol pour livre sur les draps. L'examen des remises à accorder au fermier fut renvoyé aux prochains États Généraux.

Les chanoines songèrent à se faire rembourser une somme de 1,000 écus prêtée au roi François II, le 26 octobre 1560, laquelle représentait leur cote-part dans la subvention affectée aux frais de guerre pour le fait de la religion. La demande en fut faite au roi par

tailles. — Ecrivant de Rouen (21 juin 1588) aux habitants de Saint-Quentin, pour les remercier « d'avoir reconnu son intention pour la tenue des Etats qui tend en tout à prouvoir à ce qui sera du bien général du royaume, voulant que chascun y pût proposer franchement et librement, » le roi les félicite d'avoir refusé de s'unir à ceux de Paris, ainsi que les en priaient les échevins d'Amiens et de Péronne, et ordonne que la modération de la moitié de la subvention sera commuée pour eux en une entière décharge, conformément à la demande de leurs députés. *Bib. Impériale. Portefeuilles Fontanieu* 377-378, d'après le ms. de *Béthune* 8912. f° 120.

le chantre Péricard, le même qui avait harangué d'Epernon, dans la cathédrale, quelques mois auparavant (1).

De leur côté, le parlement et la chambre des Comptes obtinrent, le 8 juillet, des lettres patentes pour le paiement des arrérages des gages des conseillers, et, pour cela, ils firent révoquer la décharge de 12,000 écus qui avait été accordée au pays de Normandie. Le Bureau des finances n'avait point fait d'opposition sur les lettres d'exemption de la subvention accordées aux villes. Mais, quand on lui présenta ces dernières lettres, il refusa d'en ordonner l'exécution avant qu'elles eussent été communiquées au procureur des Etats de la province (2). C'était une manière assez heureuse de se venger du premier président Groulart qui, dans sa harangue au roi, s'était plaint de la complaisance du Bureau à vérifier les lettres relatives aux levées de deniers. Je ne saurais dire jusqu'à quel point le reproche était fondé. Mais il n'y a guères lieu de douter que les événements n'eussent rendu aux Trésoriers de

(1) Par lettres patentes datées de Chartres, 29 juillet, il fut ordonné que le chapitre serait remboursé sur les fonds provenant de la vente des biens de ceux de la nouvelle opinion qui avaient contrevenu aux édits. Ces lettres furent vérifiées au Bureau le 16 septembre. *Archives de la Seine-Inférieure.* — Le sieur Gesvres, secrétaire du conseil d'Etat, avait obtenu 3,000 écus sur les mêmes fonds. *Ibid.* Ordonnance du 18 juillet, au Bureau des finances.

(2) *Ibid.* Ordonnance du 11 juillet au Bureau des finances.

France toute l'indépendance désirable. Le 4 juillet, on leur remet des lettres du roi, du 20 juin, pour faire lever sur les contribuables aux tailles du duché d'Alençon, 218 écus par mois pour l'entretien de 30 arquebusiers à cheval, et d'un capitaine pour la garde du comte de Torigny. Ils refusent de les vérifier, attendu la pauvreté du peuple, et les fonds déjà faits pour les garnisons des châteaux d'Alençon, Essay et Domfront. — Le 11 du même mois, ils reçoivent des lettres de jussion du 8, pour avoir à lever la somme de 1,000 écus pour l'entretien de 5 compagnies de gens de guerre. Nouveau refus de leur part, fondé sur « les grandes levées faites la présente année, » et lettres de jussion auxquelles il fallut à la fin se soumettre. Les lettres patentes pour l'imposition de 15 écus par clocher ne furent pas mieux accueillies, et l'exécution n'en fut ordonnée que le 18 juillet, après amples remontrances.

Si de telles concessions étaient indispensables pour engager des sujets, jusqu'alors fidèles, à rester dans l'obéissance, que ne fallait-il pas promettre pour faire rentrer dans le devoir des princes révoltés qui se sentaient les maîtres de la situation? Il est aisé de se faire une idée de l'abaissement de l'autorité royale en parcourant, à la Bibliothèque impériale, la volumineuse correspondance du duc de Nevers (1), prince réputé habile, hésitant entre

(1) Ses *Mémoires* ont été publiés en 1665, en 2 vol. in-f°.

les deux partis, prêt à les trahir l'un et l'autre, suivant son intérêt et les chances de succès qu'il pouvait prévoir, ayant, au sein même de la cour du roi fugitif, des correspondants tels que d'Aumont, la Châtre, Chaudon, Sainte-Marie, qui le tenaient au courant de tout ce qui s'y passait (1). Maintes fois, le roi, la reine, les plus hauts personnages de l'Etat le pressèrent de venir à Rouen; il ne refusait jamais, protestait constamment de sa fidélité, et trouvait toujours des prétextes pour différer son voyage. Et pourtant Villeroy lui avait écrit : « Je vous prie, Monseigneur, ne différer davantage et considérer qu'il est question de sauver le roy et l'Etat, que les fauttes que l'on y fera maintenant sont mortelles, que vous avez intérest très grand que l'un et l'autre soient conservez, qu'il fault que le médecin secourt le patient ores qu'il ne le désirast (2). »

On pense bien qu'il ne manquait pas alors « de gens de part et d'autre qui nourrissoient le trouble et en vouloient vivre » (3). Plus d'un mois se passa en négociations. Le point le plus difficile était de déterminer le roi à se défaire entièrement de d'Epernon : « Nous jugeons bien, écrivait au duc de Nevers un des seigneurs de la suite de la Cour,

(1) *Bib. Impériale. Fr.* 3976 ; *Portefeuilles Fontanieu*, 377-378.
(2) *Ibid. Portefeuilles Fontanieu*, 377-378.
(3) *Ibid.*

que vous avez pensé que S. M. pour le remède à tant de maux aurait pris résolution de commencer à y pourvoir par la provision des grandes et importantes charges de Espernon, comme assez en congnoissent le besoing. Mais votre présence heust peu veoyr d'avantage que cette résolution ne peult antrer en l'oppinion du roy *qui l'a tant aymé*, comme il fait encores aysément, et qu'il ne luy apparoisse par grandes nécessités qu'il le faille ainsy faire, ne pouvant dyre que aulcun jusques à ce jour puisse veoyr ung seul tesmoignage de la dyminucion de l'affection dudit Espernon, sinon d'avoir voulu permettre son absence durant ce qui se traitte pour l'establissement général à Paris.... A Rouen, 19 juin 1588 » (1).

De la Châtre écrivait quelques jours après au même prince : « Le plus grand et principal point, le plus désiré de notre cousté, et moins de la part du roy an voulanté d'accorder, c'est de dépouiller M. d'Epernon : et à la vérité cela rand tout le reste douteux, estimant que si l'on désiroit ung accord ferme, l'on ne s'arresteroit sur chose si nécessaire et si désirée de tout le monde » (2).

Après le partage des grands emplois, ce qui donnait lieu aux difficultés les plus sérieuses, c'était la désignation de places-fortes pour la sûreté des princes. Les négocia-

(1) *Bib. Imp.* Fr. 3976.

(2) *Ibid. Portefeuilles Fontanieu* 377-378.

tions furent conduites, au nom du roi, d'abord par Miron, par Gaspard Schomberg, comte de Nanteuil, et enfin par Villeroy qui, pendant le séjour de Henri III à Rouen, se rendit trois fois à Paris pour négocier avec les ligueurs. Il fallut en définitive accepter leurs conditions, si rigoureuses qu'elles fussent, et se mettre, pour ainsi dire, à la merci du parti rebelle. Peut-être, malgré sa faiblesse, Henri III ne se fût-il pas résigné à subir cette honte, s'il n'avait eu peur de la grande armée navale d'Espagne *(l'Invincible Armada)* « qui cotoyoit alors la Bretagne, preste à entrer dans la Manche de l'Angleterre, et qui depuis passa à la veue du Havre de Grâce et d'autres ports de la Normandie qui estoient à la dévotion de la Ligue » (1).

Le 14 juillet, des articles furent accordés entre Catherine de Médicis, pour le roi, et le cardinal de Bourbon et le duc de Guise, tant pour eux que pour les autres princes, seigneurs, gentilshommes, villes, communautés qui avaient suivi leur parti. Ces articles furent apportés à Rouen par Pierre d'Espinac, archevêque de Lyon, et par Claude de la Châtre, gouverneur de Bourges, et ratifiés par Henri III le 18 du même mois (2). 32 de ces articles furent tenus secrets; on ne rendit publics que les 10 articles qui constataient l'accord établi entre le roi et ses sujets pour la destruction

(1) Palma Cayet, I, 58.
(2) *Bib. Imp.* Fr. 3976.

de l'hérésie. Ceux-ci furent enregistrés au parlement de Normandie, toutes les chambres assemblées, le 19 juillet, et à la chambre des Comptes, le 21 du même mois, sous ce titre : « Union entre le Roy et les Catholiques pour l'extirpation des hérésies, juillet 1588. » Il furent livrés à l'impression sous cet autre titre : « Edict du Roy pour l'établissement d'un asseuré repos au faict de la religion Catholique, Apostolique et Romaine, et union de ses sujects Catholiques avec Sa Majesté pour l'extirpation des scismes et hérésies par tout son royaume, païs, terres de son obéissance. » (1) Le seul point que le roi avait pu obtenir était d'avoir « fait ôter ce mot de Ligue des catholiques et d'y avoir fait mettre l'Union des catholiques, pour ce, disoit-il, que ce mot de Ligue avoit toujours esté le titre que prennent d'ordinaire les factieux » (2).

Des copies de cet édit, trop connu pour que nous en rappelions ici les dispositions, furent immédiatement transmises par les sept bailliages de la province pour être publiées et enregistrées au greffe de chaque ressort.

Le lendemain du jour où l'enregistrement s'en était fait au parlement, il y eut, à la cathédrale, un *Te Deum* chanté en musique et une procession générale à laquelle

(1) Un exemplaire de cette plaquette a été insérée dans le registre des délibérations de la ville de Rouen, année 1588.

(2) Palma Cayet, I, 59.

le roi assista avec toute sa cour et les officiers des diverses juridictions de la ville. Ce fut là qu'il jura solennellement l'entretien de la paix et sainte Union.

Une formule de serment pour la défense de la religion catholique et l'extirpation de l'hérésie fut signée par les princes de la Ligue, par les princes du parti du roi, et bientôt après, à l'Hôtel-de-Ville de Rouen, par tous les notables, et à la cathédrale par le clergé.

Le jeudi 22 (1), Henri III avait quitté Rouen et avait été escorté, une lieue loin, par le lieutenant général du bailliage, les échevins, les 24 du conseil et un grand nombre de bourgeois. — Il se rendit à Vernon, et de là à Mantes où les reines vinrent le retrouver. — Peu de jours après il était à Chartres, où le rejoignirent le cardinal de Bourbon et le duc de Guise. On sait assez ce qui suivit, et par quels crimes, aux États de Blois, Henri III crut échapper à la domination de la Ligue.

(1) Le 21 juillet le concierge de la maison abbatiale de Saint-Ouen reçut de Jean Nicot 37 écus « pour les débris du logis ou S. M. avait séjourné du 13 juin au 20 juillet. » *Tabellion. de Rouen, Meubles*, 21 juillet 1588.

BRIEF DISCOVRS

SVR LA BONNE ET IOYEVSE

RECEPTION FAICTE A LA MAIESTE DV

Roy par ses tres-fidelles & obeïssants sujects de la ville de Rouen : Ensemble de de tout ce qui s'est faict & passé depuis son arriuée, le 13. iour de Iuin 1588. Iusques à l'Edict de paix, & departemẽt de sa Majesté le 21. iour de Iuillet.

Recueilly par Jean de Seuille professeur des bonnes lettres & Sciences mathemaques au dit Rouen.

A ROVEN,

Chez Pierre Courant, imprimeur demeurant ruë Dinamderie, pres le pot de Cuyure.

M. D. LXXXVIII.

SONNET.

Lors que Saturne et Mars enfemble eftoient ioincts
Le neufiéme de may, et que Sol et Saturne,
Et Mars auecques Sol diametrans la Lune,
Enféble mefme eftoient, et que dans mefme poincts.
Du Toreau tous les trois à Mercure eftoient ioincts,
Enuiron ce temps la Mars planette nocturne
Sanguinaire et cruel, et Saturne diurne
Maleuoles tous deux les François ont difioincts.
Le chef efpouuenté de voir telle difcorde
A quartier f'eft tiré, avec le temps aborde
Au haure Rouennois pour luy port affeuré :
La fans aucun dâger voit vaillāmét cōbattre,
Il voit Mars et Venus enfēble ioincts f'efbattre,
Et là il faict la paix que tenir à juré.

BRIEF DISCOURS SUR LA

bonne & ioyeuse reception faicte à sa Majesté par ses tres-fidelles et obeissants subjests de la ville de Rouen : ensemble sur les recreations, à elle données.

Comme ainsi soit qu'un corps humain ne puisse subsister sans un chef, ny cõsister ses membres ensẽble discordants, & encores moins viure en retrenchãt son chef pour l'accõmoder d'un autre. A ceste cause le Roy nostre seul chef faisant c'est honneur à ses très-fideles & obeïssans subiects de sa bonne ville de Rouẽ, de les venir visiter durãt les ennuys & fascheries que Sa Majesté pouuoit cõceuoir en voyant les autres membres de son corps politié ainsi à lors discordãts & mutinez les uns contre les autres, ils n'õt voulu faillir de mõstrer leur fidelité ẽuers luy, & la grãde ioye qu'ils ont euë de voir sa bénigne face, luy faisãs la meilleure receptiõ qu'ils ont peu luy donnants toutes les recreatiõs & passe-tẽps dequoy ils se sont peu adviser pour luy faire passer ses ennuys & fascheries. Parquoy le Lundy XIII. de Iuin venãt en ladite ville, ses tres-fideles & obeïssants subiects l'attendãts en bõne deuotion & toute alegresse, desirants de voir sa tres-ioyeuse, tres-desirée & benigne face, sortent tous aux ruës : Tous les principaux desquels bien mõtez, & ornez de leurs precieux habits, eux eſtans en la cõpagnie de Monſeigneur de Carrouges tres-fidele Gouuerneur, & Mõſeigneur le Cõte de Tilieres ſon fils & Lieutenant, & autre nobleſſe auſſi magnifiquemẽt bien mõtée, allerẽt au deuãt de Sa Majeſté pour ioyeuſement la receuoir, & l'introduyre en ſa bonne ville, où tout le reſte du peuple l'attẽdoit en bonne deuotion.

Premieremẽt, tous les douze principaux Capitaines auec leur cõpagnies bordoient les ruës, eſtants magnifiquemẽt armées au plus beau & meilleur cõche qu'il eſt poſſible de dire, & lors ils ſaluerent Sa Majeſté d'infinies canõnades. Et cõme tres-Chreſtien allãt premierement en la maiſon d'oraiſon, il y fut ſolẽnellemẽt receu de Meſſieurs les Eccleſiaſtiques & Chanoines de l'Egliſe metropolitaine fondée de noſtre Dame, avec Motets, Chants ſpirituels en muſique, & ſons d'orgues & de cloches, avec une Harangue, & bien-venuë conſolatiue, doctemẽt pronõcée, & par Sa Majeſté biẽ ẽtẽtivemẽt eſcoutée. Et de là allãt à ſon logis, accõpagné de toute ſa Maiſon, à l'entrée d'iceluy eſtoient Meſſieurs de la Juſtice décentement accouſtrez ſelon leur eſtat, lesquels attendãts Sa Majeſté la ſaluerent tous les genouils en terre, & ſ'eſtants relevez lui feirent quelques remonſtrãces auec harẽgues auſſi cõſolatiues, & touchãt l'eſtat de la Juſtice, la premiere deſquelles feut diſertement pronõcée par Monſieur de la Court premier Preſident en la Court de Parlement accompagné du corps de toute ladite Court. Ce faict il ſe retira, & ſe preſenterent enſemble les

Preſidents de la Chambre des Comptes, & Court des Aydes, leſquels voulurẽt harẽguer tous deux enſemble, mais la deſſus Sa Majeſté ordõna que celui des Cõptes parleroit le premier, ſans prejudice de leurs preferences, & ayãt paracheué ſa harangue ſe retire auſſi auec le corps de ladite Chãbre des Comptes, & incontinent apres ſe repreſenta Monſieur de Lymeſis Preſident de la Court des Aydes qui accõpagné du corps de ladite Court prononça une harangue aſſez longue, & néantmoins aſſez docte. Apres lequel auſſi ſe preſenta Monſieur le Lieutenant Bigot, auec le corps du ſiege Preſidial, qui harangua auſſi aſſez diſertement & doctement.

Ce fait chacun ſe retira & Sa Majeſté entra en ſõ Logis, dreſſé en l'Abbaye S. Ouen Je ne veux oublier à dire que tous les enfãs crioiẽt par les ruës à qui mieux mieux, viue le Roy, durant que Sa Majeſté paſſoit.

Racontant ceſte bõne & ioyeuse reception, il me ſouuient de ce bel ordre celeſte auquel nous voyõs cõme une belle Police dépaincte, de laquelle il me ſẽble la noſtre eſtre priſe & extraicte & du tout dreſſee à la ſemblance d'icelle : car il y a analogie & proportion de ce petit monde au grand monde, auquel nous voyõs le Soleil prince des autres Planettes eſtre porté comme un grãd Roy en ſon Char magnifiquement attelé, accõpagné de toute ſa maiſon magnifiques & antiens Senateurs au milieu deſquels il reſide, à ſçauoir du vieil & diſcret Saturne de grand & profond ſçauoir, de Iupiter le tres-noble & ſomptueux, de Mars le vaillãt guerroieur, de

Mercure ſon elegant orateur & ambaſſade, de Venus & de la lune ſes tres-fideles œconome & deſpẽſieres, chacun deſquels le recognoiſſãt comme leur ſeul Chef Roy ou Empereur, & duquel dépẽd toute leur beauté & clarté, voire de tout l'exercite celeſte toutefois & quantes qu'il vient à ſ'approcher d'eux pour entrer en conjonction eſtant encores à trois ſignes de luy, ilz ſ'arreſtent là comme pour la ſaluer de loing puis apres haſtants leur cource, comme pour aller au deuant, ils montent au plus haut de leur epicicle, pour la eſtants ſolennellemẽt luy receuoir, & la coniõctiõ finie il ſe depart d'auec eux quãd aux Superieures planetes. Mais quãd aux baſſes elles ſe departẽt d'auec luy, & ce fait le reconuoyent encores quelque temps auec leur haſtiue courſe iuſques à trois ſignes, ou ſ'arreſtans la ils ſont veuz cõme le ſaluer & luy dire à Dieu. Cela fait ils retournent au plus bas de leur epicicle ou y eſtants ils luy ſont oppoſites, ceux qui ne ſont point ignorãts des mouuements celeſtes entendent bien cela, & ie croy qu'ils ſont biẽ marris de voir aller les choſes comme elles vont & noſtre police dreſſée à la ſemblance de la celeſte eſtre ainſi perturbee & deſmembrée.

Mais pour r'entrer en propos. Le iour du Sacre venu Sa Majeſté aſſiſta deuotement auec toute ſa Court & peuple à la proceſſion & ſeruice diuin, auec torches ornées des armoiries de France & de Pologne. Je ne veux pas omblier à dire que ſe confiant du tout à ſes tres-fidelles ſeruiteurs & ſubiects de Rouen Sa Majeſté à voulu qu'indiferẽmẽt toutes perſonnes ſoiēt entrées en ſon logis pour le voir tant à diſner, ſouper que autres heures : & que recognoiſſant la fidelité des douze principaux Capitaines de la ville & leur bon deuoir & honneur fait auec leurs Compagnies ainſi en bō conche dreſſees, il a anobly ceux qui n'eſtoient point nobles, & doüé de preſents hōneſtes ceux qui deſia eſtoient nobles : & l'hōneur qu'il a pleu à Sa Majeſté faire à Meſſieurs de la ville de prendre la collation par eux à elle dreſſée en l'Hoſtel de Ville ou quelques hōneſtes Dames & Damoiſelles aſſiſterent en la preſence de leurs maris. Et la collation eſtāt faite fut la recreation donnée auec ieux d'inſtruments & dances en toute honneſteté. Les iours enſuyuant du Sacre furēt dōnées à Sadite Majeſté maintes recreations ſur la Saine ſur le pont, de laquelle luy fut dreſſée une magnifique Fueillade lābriſſee de beaux tapis, auec iōchees pour de la dedans voir les nauires de trafic ; recreations & paſſe-temps.

Le Dimenche xix. de Iuin Sa Majeſté eſtāt ſoubs ladite fueille, eſtant accompagnee de ſa Court, eut le plaiſir d'une guerre Naualle, dreſſee auec neuf ou dix Galiaces, & autres vaiſſeaux de guerre tous magnifiquement peinɛtes, dreſſez & armez. Les cōbattans d'icelle magnifiques & en bō conche, les uns aſſauoir toute une cōpagnie accouſtrez en Mathelots, d'une meſme parure de Tafetas couleur de verd de mer, auec iupes & brayes marmes : Et les autres cōpagnies de diuerſes couleurs de Soye & de Velours entre leſquelles fort bien paroiſſent celles de Monſieur le Lieutenant criminel de Rouen, & celle du Capitaine des Arpents, Que ſi lesdites compagnies eſtoient tres braues, & en bon conche auſſi eſtoient les forſaires ou conducteurs deſdites Galeres & vaiſſeaux de guerre. Entre ces braues et magnifiques cõpagnies y en auoit une de negres tout nuds qui auec leurs arcs & fleches bien empennées, firent bien autant de mal que la milliace de canomnades qui fut lors tirée. Dura ce furieux cõbat & eſcarmouche enuirõ heure & demie, durãt laquelle fut tiré à l'Anguille pendãte à un cable, trauerſat la Saine de bort à autre, les tireurs de laquelle la prenant aux mains, leur vaiſſeau naual paſſant par deſſoubs le cable haut eſleué leur falloit retomber de fort haut en l'eau, & la denoüer la corde auec les dents, de laquelle l'anguille eſtoit penduë, & l'ayants faillie leur conuenoit ſe ſauuer à nage. Et apres l'auoir pluſieurs fois aſſaillie (cõme on vient à bout de toutes choſes, auec la peine qu'on y prend) ils la denoüerẽt, & de rechef renoüerẽt pour auoir plus de plaiſir. Ce pendãt on n'oyoit que trõpettes, auec leurs aſſauts & fanfares on n'oyoit que phiffres, tãbours & canonnades tant d'arquebuzes que d'autres pieces, & ne voyoit on qu'hommes nager en l'eau & vaiſſeaux flotter, & entre autres y eut xv ou xvj. braues nageurs qui ſe precipiterent par pluſieurs fois de deſſus le pont d'auſſi haut qu'une maiſon de trois ou quatre eſtages d'aupres Sa Majeſté, les uns tous veſtus, autres n'ayans que leurs chemiſes & brayes, & ainſi merueilleuſement precipitez nageoiẽt auec une infinité d'autres qui faiſoient à qui mieux

mieux : Finallement l'heure du fouper venuë la retraicte fonne chacun fe retire principalement les compagnies de la guerre nauallc marchants de ordre par les ruës de la ville en fort bon conche. A quoy Sa Majefté print fort grãd plaifir & en eut grand contentement.

Le ieudy enfuyuãt iour des octaues du facre pour donner nouuelle recreation & paffe temps à Sa Majefté eftant foubs la dite fueillee fut faicte autre guerre Naualle fur la Saine auecques quatre Nauires magnifiquement equipez en guerre auec groffes pieces d'artillerie defquelles furent tirez une infinité de coups, y auoit auffi quelques autres vaiffeaux de guerre & galliotes & apres plufieurs efcarmouches, fe prindrent les Nauires les uns aux autres & vindrẽt aux mains, cõbattans auec les harquebuzades, picques, & autres inftrumens belliques, forçants les uns les autres fomme toute qu'à bien affailly bien defendu. Ce pendant les trompettes & tãbours fonnoyẽt les affauts & retraittes, autres encores iufques a grand nõbre nageoient dedans la Seine apres f'eftre precipitez d'en haut du pont dedans icelle & autres de la proue des nauires.

Le lundy 27. iour de iuin, y eut encores autre paffe temps & recreation donnee a Sa Majefté, eftant auec fa Court fous ladite fueillee affauoir d'un chafteau ou ville dreffée fur la Seine auec quatre tourelles batantes en flanc & une piramide au mileu qu'ils nommoient la Rochelle trefbien munie d'hommes & d'armes, de bouteilles & aiguillons a vin laquelle fi elle feut bien affaillie fut elle bien deffendue toutefois comme les armes ſont iournalieres & que le Dieu des excercites donne la victoire à qui luy plaiſt finallement fut priſe les vaillans combattans de dedans ſe ſauuant a nage & feut du tout bruſlee & raſee pour un perpetuel teſmoignage & rebellion.

Le lundy dernier iour de Iuin fut ſomptueuſement dreſſée ſur la Saine une ville qu'ils nommoient Niniue auec une grande balaine : ladite ville bien munie d'hõmes de guerre armes & victualles ou tout le peuple aſſez cupide de voir quelque choſe de beau & de nouueau fut toute l'apres diſnee iuſques au ſoir la attendãt Sa Majeſté pour luy en donner le plaiſir mais occupee a choſes plus hautes ne vint point pour ce iour : Cependant y eut fort canonné tant de la part de ceux du dedans que des aſſiegeans dont le tout fut différé iuſques au dimanche enſuyuant lequel venu a l'apres diſnee ſur les trois ou quatre heures Sa Majeſte accompagnee des Seigneurs de ſa ſuitte ſe tranſporta ſur le pont ou eſtãt ſous la belle fueillee elle eut le plaiſir de voir ceſte magnifique ville auec la grande balaine & un equipage de guerre naualle bien dreſſee de pluſieurs galliaces & autres vaiſſeaux iuſques à grand nombre bien munis d'hommes, armes & bouteilles de l'un deſquels fut ietté hors le Prophete Ionas dedans la mer qui fut incontinent englouty par la balaine & quelque temps apres reuomy par icelle ſur le pont de ceſte ville de Niniue pour y preſcher penitence. Cela fait elle fut viuement aſſaillie par les vaiſſeaux de guerre & auſſi vigoureuſement deffendue par les aſſiegez, les aſſauts reiterez par pluſieurs fois. Cependant on ne voyoit que feu & fumée, on oyoit une milliaſſe de canonnades, on n'oyoit que phiffres, tãbours et fanfares de trõpettes donnantes l'aſſaut. Pluſieurs auſſi tous veſtus ſe precipitoient en la Saine du haut en bas du pont d'aupres Sa Majeſté & ſe mettoient incontinent à nager auec une infinité d'autres il ne faut oublier le plaiſir que donnoit une ſeraine moytié homme & moytie poiſſon auec le miroir & le peigne touſiours miraculeuſement a demy aparoiſſant ſur l'eau chantant melodieuſement. Ie ne veux auſſi oublier un braue & aſſeuré Capitaine de marine qui eſtãt debout eſtoit ſeulement porté ſur une planche de bois accompagné de trois ou quatre braues ſoldats qui tyrarent une infinité d'harquebuzades contre ceſte belle & rebelle ville laquelle ſi elle fut viuemẽt battue auſſi fut elle vaillammẽt deffendue & encores quelle feuſt quaſi toute deſmantelee & braiches raiſonnables faictes les ennemis entrez dedans ſi eſt-ce qu'eſtans bien repouſſez elle demoura inuincible les hommes de guerre du haut des tourelles & d'omjon faiſant auſſi bien leur deuoir a coup de piques & autres inſtruments inuaſibles & offenſibles cõme ceux d'embas à repouſſer leurs ennemys. Ainſi ſe paſſa ioyeuſement la releuee iuſques à l'heure de ſouper que la retraicte ſonnee chacun ſe retira auec grande ioye & alaigreſſe d'auoir eu tous les plaiſirs du monde en voyant un tel appareil de guerre ainſi bien conduicte.

Le mardi 19. iour de Iuillet la paix faicte, par la grace

de Dieu, fut publiee en Parlement à Rouen toutes les chambres aſſemblees, & cela faict meſſieurs les preſidents conſeillers, greffiers & huiſſiers de ladite court ornez de leurs robes d'eſcarlates & autres ornemēts de la bonne antiquité allerēt à la grande Egliſe fondee de noſtre dame ou feut ſolennellement chanté *Te Deum* en muſique & ſons d'orgues ainſi qu'eſt la couſtume en ſigne de ioye où Sa Majeſté accompagnee de ſa cour aſſiſtant deuotement à la meſſe iura ſolennellement l'entretien de la paix & ſaincte union ſur les ſainctes Euangilles.

Le lendemain vingtieme dudit moys fut faicte proceſſion generalle partant de ladite Egliſe noſtre Dame iuſques à l'abbaye & Egliſe fondee de Sainctouin à laquelle aſſiſta Sa Majeſté : en laquelle proceſſion precedoient les religions des ordres mendianes aſſauoir les Capucins, Cordeliers, Auguſtins, Iacobins, Carmes : apres leſquelles ſuiuoyent toutes les parroiſſes, les chanoines reguliers de la Magdalaine, & Sainct lo, les Chanoines & chapitre de ladite Egliſe nostre Dame auec la Chaſſe de noſtre Dame, apres tous leſquels ſuyuoit Sa Majeſté accompagnee des Seigneurs de ſa cour & officiers de ſa maiſon : En apres procedoit tout le corps de ladite court de parlement en pareil ornement que le iour precedent auecques leurs robes, chapeaux, & chaperons de la bonne antiquité.

Puys en fort bon ordre ſuyuoient les cent harquebuſiers de ladite ville chacun le baſton blanc en la main, tous les Sergens, & cinquanteine : Et tout au derriere marchoient meſſieurs les Conſeillers, Eſcheuins, officiers & Superintẽdents d'icelle laquelle proceſſion paruenue à ladite Egliſe Sainct Ouen à eſté premierement faite la predicatiõ & la meſſe ſolennellement celebrée oyant attentiuement & deuotement Sa Majeſté aſſiſtee de la proceſſion deſſuſdite.

Finallement le Ieudy vingt unieſme iour de Iuillet ſe partit ſadite Majeſté de ſadite ville de Rouen bien contente des meſſieurs & habitãs d'icelle, & au tres-grand regret d'iceux ſ'eſtans eſtimez tres-heureux d'auoir eu c'eſt hõneur d'un tel ſeiour de Sa Majeſté en icelle, que ſ'ils ont honoré l'arriuée pour eſtre allez au deuãt, auſſi ont ilz ſait l'yſſue par un honorable reconuoy des plus notables & ſignalez d'entre eux, auec la cinquantaine, la plus grande partie des douze Capitaines, bordans encores les rues : Entre leſquels fort biẽ paroiſſoit la compagnie de cent Harquebuziers gaigez de ladite ville, leſquels eſtoient veſtus tous de velours, accouſtremens neufs que ſadite Majeſté leur à donnez.

Il ſe trouue un ſuppoſé diſcours imprimé à Paris de la bienuenue & reception de Sa Majeſté par ceux de Rouen ou il eſt dit que ceux de Paris ſont deuots & de bon eſprit & que ceux de Rouen, ou les Normants ſont de gros ſprits à cauſes des groſſes vapeurs de la marine mais on peut bien iuger par les choſes cy deſſus que les Normants ne ſont pas du tout ſans eſprit ny ſi groſſiers comme on leur veut faire acroire. Dieu nous vueille biẽ reconcilier les uns auec les autres pour viure tous unanimement ſous un ſeul chef, & en bonne paix & concorde comme membres d'un meſme corps, Ainſi ſoit-il.

FIN.

DISCOVRS

DE L'ORDRE

TENU PAR LES HA-
bitans de la ville de Rouen, à l'entrée du Roy nostre Sire.

Avec deux Harangues y prononcées à sa reception par Messieurs de Parlement de Rouen, & du Clergé.

A PARIS.

Iouxte la coppie imprimée à Rouen, 1588.

DISCOVRS

DE L'ORDRE

TENU PAR LES HA-

bitans de la ville de Rouen, à
l'entrée du Roy nostre Sire.

*Avec deux Harangues y prononcées
à sa reception par Messieurs de
Parlement de Rouen, &
du Clergé.*

A PARIS

Iouxte la coppie imprimée à
Rouen. 1558.

DISCOVRS DE L'ORdre tenu par les habitans de la ville de Rouen, à l'entrée du Roy nostre Sire.

Auec les Harengues prononcées à sa Reception.

IL y a vn Autheur renommé aux lettres prophanes, qu'on appelle Clangolius qui a donné des épitaphes à toutes les nations Françoises, afin par iceux faire cognoistre aux lecteurs à quoy tous les habitans de la France sont autres de nature & de quelle humeur ils sont composez : Au premier rang il met ceux qui habitent l'Isle de France, comme les citoyens de Paris, lesquels ils appellent religieux, c'est à dire deuots qu'à bon droit & iuste cause il a ainsi nommé, car si on veut noter & peser leur manière de faire & de vivre, on trouuera indubitablement qu'ils meritent porter le nom de déuot par dessus tous les citoyens des autres Prouinces, à raison des actes de deuotion qu'ils font quant ils sont assistant au diuin service, pour prier Dieu & plusieurs autres œuvres mémorables, lesquels si ie voulais icy raconter, le papier me defaudroit plustot que la matière. Après qu'il a parlé des Parisiens, il fait mention des Normans qu'il appelle fins, à cause de la finesse de laquelle ils ufent en toutes leurs actions, par le moyen lefquelles ils fe gouuernent fi finement, que bien à grand peine, on les peut tromper & engeoller.

En confidération de ce naturel que l'Autheur fufnommé donne aux Normans & d'vn autre encore que l'on trouue par efcript, f'eftre acquis par le moyen de leur patrie qu'ils habitent, qui eft la Normandie, laquelle eft environnée de mer, autant que Prouince qui foit en France, & par conféquent que fes lieux marins, où l'air eft ordinairement gros & efpais, à raifon des brouillars qui y dominent, il f'y engendre des hommes groffiers, forts, robuftes & réfolus.

Or ayant parlé des mœurs de cefte nation, ie veux icy vous faire vn petit difcours de l'honnefte réception que meffieurs de la ville de Rouen ont faict à noftre Roy, lequel ils ont démouftré refpecter grandement, d'autant qu'ils luy font allé faire la reuerance iufque en la ville de Vernon, où ils fe font offerts d'employer à fon fervice, non feulement leurs perfonnes, toutes fois & quantes que fon bon plaifir feroit de leur commander, ains auffi tous les biens qu'il a pleu au Tout-puiffant leur mettre en poffeffion, & pour donner affeurance à Sa Maiefté, que la parolle qu'ils luy auoient proférée à Vernon eftoit veritable & non diffimulée le iour qu'ils furent advertis qu'il vouloit fortir de Vernon, pour f'acheminer en la ville de Rouen, tous les habitants furent au deuant de luy pour le moins vne lieuë loing, chacun en fon rang felon fes demérites, pour luy faire les honneurs que l'on a de couftume à vn Roy, qui veut faire entrée en quelque ville de ſon obéyſſance. En premier lieu le tiers eſtat marchoit en bon équippage & bien munis d'armes, demonſtrant d'amitié qu'ils eſtoient preſts & appareillez de vivre & mourir à ſes pieds. Meſſieurs du Parlement de Rouen le ſaluèrent d'vne harangue fort diſerte, de laquelle le Roy reçeu vn grand contentement en ſon eſprit : car premièrement ils le remercièrent de ce qu'il luy auoit pleut & à ſes prédéceſſeurs Roys de les conſtituer en l'eſtat qu'ils exerçoient, promettans avec vne proteſtation ſolemnelle de ſi bien adminiſtrer ſa Iuſtice à l'advenir que Sa Maieſté auroit occaſion de ſ'en contenter. Les Gouuerneurs de la ville feirent auſſi le debvoir de bons & loyaux ſubjectz, car ils luy portèrent les clefs de la ville, l'aſſeurant que non ſeullement ils luy ouvriroient les portes toutesfois & quantes qu'il y voudroit entrer, ains auſſi leurs maiſons & coffres pour luy bailler telle ſomme de deniers qu'il plairoit à Sa Maieſté leur demander. Ils ſe ſont bientoſt acquitté de la promeſſe qu'ils avoient faite au Roy à ſon entrée, car des premiers iours qu'il fut arriué, ils luy ont fait vn préſent d'vne aſſez groſſe ſomme de deniers par le moyen de laquelle ils ont rendu le Roy content & joieux.

quelque ville de son obeissance. En premier lieu il [illegible] estoit marchoit en bon équipage & bien [illegible] d'armes, demandant d'amitié qu'ils estoient prests & appareillez de viure & mourir à ses pieds. Messieurs du Parlement de Rouen le saluërent d'vne harangue fort diserte, de laquelle le Roy receu vn grand contentement en son esprit : car principalement ils le remercierent de ce qu'il leur auoit pleut & à ses prédecesseurs Roys de les constituer en l'estat qu'ils exerçoient, promettans avec vne protestation solennelle de si bien administrer la Iustice [illegible] que sa Majesté auroit occasion de s'en contenter. Les Escheuins de la ville s'y rendirent aussi le debvoir de bons & loyaux subiets, car ils luy porterent les clefs de la ville, l'asseurant que non seulement ils luy ouuriroient les portes toutes & quantes qu'il y voudroit entrer, mais aussi leurs maisons & coffres pour luy faire [illegible] depuis qu'il [illegible] a sa Majesté leur demandé [illegible] auoient bien auguré de la promesse qu'ils avoient faite au Roy à son entrée, car dès premiers iours qu'il fut arriué, ils luy ont fait vn présent d'vne assez grosse somme de deniers par le moyen de laquelle ils ont rendu le Roy content & satisfait.

HARANGVE
FAICTE PAR MESsieurs du Parlement du Rouen au Roy.

SIRE, combien que nous soyons contrains de confesser, ie dis nous qui demandons estre au rang de vos bons & loyaux subiects, que vous estes pourveu d'vne Couronne nompareille en noblesse, ce néantmoins il nous faut croire que vous la tenez d'vn plus grand Monarque encore que vous n'estes, qui a puissance & d'esterer vostre estat quant bon luy semble & de troubler vostre personne comme l'ayant rendu suiecte à vne infinité qu'il y a de passions humaines, au moyen de quoy vous n'auez occasion de vous tant contrister, qu'il vous en soit de pis, si ceste marastre & ennemye mortelle de la vie humaine, qu'on appelle melancholie, vous a depuis peu de temps visité, car tout ainsi qu'vn vassal ne doit joüer à la désesperade quand il se voit tourmenté par son Prince, soit en ses biens, soit en son corps. En cas semblable un Roy ne se doit désarmer de ceste tant belle & héroïcque vertu qu'on appelle Patience, si son esprit a esté enveloppé de quelque fascherie, se persuadant que c'eſt le Tout-puiſſant qui permet qu'il ſoit picqué de tels aiguillons pour quelque grand bien & pour voir ſ'il ſera conſtant, afin de le rendre plus ydoine & capable de jouyr de la Couronne du Royaume des Cieux ineſtimable.

HARANGVE FAICTE

au Roy, par le Clergé de la ville de Rouen.

SIRE, les ſçavans en la philoſophie naturelle nous enſeignent qu'il y a vne telle ſimpathie entre le corps & ſes membres que, quant le chef eſt touché de quelque douleur, toutes les parties deſquelles il eſt compoſé ſ'en reſſentent, combien que comme vos membres & ſubjects obeyſſans, nous ne puiſſions faire autrement que nous ne ſoyons faſchez & contriſtez, en voyant voſtre eſprit enveloppé de mélancholie, ce nonobſtant, nous ne ſommes venus vers voſtre Maieſté pour luy faire la foy & hommage que nous luy debvons, afin de rengreger voſtre mal, ains plutoſt pour taſcher de le diminuer, par le moyen des prières & oraiſons que nous proteſtons de préſenter au Recteur de lumière, à celle fin que ſon bon plaiſir ſoit vous donner bientoſt allegeance telle que deſirez.

SONNET AV ROY.

D'vne aiſle d'or la victoire empennée,
Porte par l'air, Sire, voſtre renom,
Depuis le lieu où ſe lève Apollon,
Iuſques au bord de la mer reculée.

Voſtre vertu eſt par elle illuſtrée,
De la grandeur que voſtre Royal nom,
Comme au matin noſtre rond horison
Eſt eſclaircy par l'Aurore empourprée,

C'eſt ce qui fait qu'adonc audacieux,
Ie la veux ſuyvre & monter dans les cieux,
Mays c'eſt en vain, ſans voſtre faueur, Sire.

Sans elle rien, auec elle je puis
Voſtre victoire, & de nos ennemys
L'effort ſuperbe chanter deſſus ma lyre.

RESPONCE A VNE LETTRE EN-VOYEE PAR VN GEN-til-homme de basse Bretaigne, a vn sien amy estant à la suitte de la Cour sur la misere de ce temps, trouuee a Rouen à la porte de Martinuille.

A ROVEN,

Par Gobille Brioche pres la porte Cochoyse.

RESPONSE A VNE

LETTRE ENVOYEE PAR

vn Gentil-homme de basse Bretaigne, à vn sien amy estant à la suitte de la Court, sur la misere de ce temps, trouuee a Rouen à la porte de Martainuille.

MONSIEVR, i'ay receu vostre lettre, plaine de beaux discours sur les affaires du tẽps present: desquels parlés à vostre ayse, en vostre cul de sac de basse Bretaigne, ou ne ressentez les maux, desquels tout le reste de la Frãce est affligée: & a bõne heure vous a prins la pluye, Car apres auoir mis de la paille en vos botes (qui est a dire, apres auoir tres biẽ fait vos affaires en Cour): Aués fait vne belle & heureuse retraicte, que si estiés a recommencer, vous y trouueriés biẽ empesché: car le tẽps n'est plus cõme il souloit, & pourroit-on bien dire comme celuy-là apres la mort du Chancelier Birague: *Gonteri Gonteri non est hodie sicut eri.* Maintenant qu'estes a vous gogayer iouyssant du bien de vostre labeur, Vous ressemblés a ceux, qui contẽplent les ioüeurs, & remarquent les fautes d'vn chacun: & quand ils iouent, ils se trouuent bien empeschés. Ainsi vous parlés amplemẽt des affaires de la France, des moyẽs de restablir toutes choses en bon ordre, comme il vous femble: mais ie vous refpondray en vn mot, qu'vne perfonne defgoutté ne trouue aucune chofe a fon appetit: & reiecte les meilleures viandes, Ainfi nous fommes tellement aueuglés & endurcis en noftre mal que les plus faincts & meilleurs cõfeils nous font odieux: & le plus que nous pouuons, nous acheminons a noftre ruine, & faut confeffer, que les maux que nous auons receus defpuis vingt cinq ans en ça, ne viẽne que pour aucune difpofition & ordre des affaires d'eftat, Mais en punition de nos pechés & offences: & non toutes-fois, tant que nous l'auons merité. Car pour quelque affliction que nous ayõs cy deuant receuë, nul ne s'eft retiré de fa mauuaife vie. A caufe de quoy, toutes chofes continuent de mal en pis fans apparence de mieux, & n'ayans peu eftre ramenés a vne meilleure vie, par les verges et peines temporelles, de la pefte, guerre, & famine: a bon droict fommes nous liurés és liens de Satan, par le moyen de l'herefie, qui eft le comble de tous malheurs: Qui perd l'ame, le corps, & les biens de ceux qui ne fe veulent conuertir a Dieu. Et ce qui eft de mauuaife exẽple & plus pernicieuse cõfequence eft, que (hors le poinct de la religion): le Catholicque eft pire que l'hereticque, pour fa mauuaife vie, & polution en tous vices. Ceux qui fe difent les meilleurs chreftiẽs, fe trouueront pleins d'ypochrifie, ambition, rancune, defloyauté, auarice, paillardife, & en un mot, de toutes mefchancetés et abominations. S'il eftoit licite de parler des gẽs d'Eglife, on les trouueroit remplis de fimonie, & auarice: & comme mulets de bas, chargés de benefices, ſans s'acquitter d'vn ſeul: laiſſans leurs troupeaux, languides & affamés de la parolle de Dieu & des ſacremẽs, & en cette neceſſité, courent apres, & reçoiuent la premiere doctrine qui leur eſt annoncee: ou bien aux premiers troubles, de crainte des coureurs des deux partis, viuẽt sans aucun exercice de religion, de maniere qu'en pluſieurs lieux de Poictou, il ſe trouuera vn nombre infini de perſõnes, qu'il y a plꝰ de vingt ans, qu'ils n'ont eſté a Meſſe n'y a preſche, & deſquels les enfans ne ſont baptizés, & par la faute des Paſteurs, qui ne reſident ſur leurs benefices, mais ſont à la cour, ou a Paris a faire bonne chere du Reuenu, s'excuſant ſur le danger qu'il y a sur les lieux. Mais ie leur dirois voluntiers, ce qu'vne vieille dit à l'Empereur Adrian, qui refuſa de reſponde vne requeſte, s'excuſant enuers elle, qu'il n'auoit loyſir, Quictés doncq la charge que vous aués. Auſſi qu'ils cedẽt leurs benefices a d'autres, qui en ferõt mieux leur deuoir. Autre mal eſt, que la pluſ-part des benefices de la France, ſont tenus ou poſſedés par perſonnes, indignes & incapables: dont les aucuns mariés, iuſques a des femmes, & tourne on en riſee, quand quelque Vicaire bõ compaignon met en la ſuſcription & adreſſe de ſes lettres: a monſieur mon abbé le Capitaine tel, ou madame telle, qu'on cõgnoiſt aſſés en Cour. Qui viendra a ſonder les volontés des grands, & principallemẽt de ceux qui ſe diſent les plus zelés à la religion: on ne trouuera que de l'ambition &c. Sans en parler dauãtage obſeruãt le vieil prouerbe, qui en dit biẽ il a menty: qui en dit mal il eſt puny, & de leur ambition aduient vne diminution de l'auctorité du Roy: naïſſent les guerres ciuiles: & s'enſuit vn deſordre & confuſion en tous eſtats, faut enuoyer des gouverneurs pour aſſeurer les prouinces, & les tenir en obeiſſance, & pour acquerir bruit & reputation, il faut remuer meſnage, ſuſcité quel que trouble, pour auoir garde: qui eſt pour l'entretenement & appoinctemẽt des domeſticques, faut mettre garniſon par les chaſteaux & fortereſſes, qui ſont diſtribuées aux amis, parens & ſeruiteurs, butinans par moyctié, la paye des ſoldats ordonnés pour leſdites garniſons, ſe contentans de quelque payſan, pour leuer & baiſſer la planchette, ouurir & fermer la porte, & crier par deſſus la muraille: qui va là, & au temps de monſtre, on prend des habitans des villes ou lieux proches qu'on preſente en armes pour ſoldats, aux Commiſſaires & Contreroolleurs des guerres, Auſquels on ne donneroit pas vn verre d'eaue à boire, & par l'auarice des Gouuerneurs & Capitaines, les places ſont facillement prinſes & occupees par l'ennemy, qu'on a apres grand peine a rauoir. S'il eſt beſoing de plus grandes forces, ceux du conſeil qui ſont pres du Roy, eſſayent d'y employer leurs parens: ils en eſcriuent au gouuerneur de la prouince, prient les receuoir & fauoriſer, promettent de les faire dreſſer & payer de leurs eſtats & appoinctement: & par faueur, monſieur le Courtiſan fera bailler a vn (Scriptorium) ſon parent, vn Regiment ou compaignie de gens de pied: luy donnera la petite inſtruction, de ce qu'il en pourra tirer, par mois ou an, oultre ſes gaiges & appoinctemens. Aſſauoir, d'vn Regiment de dix enſeignes eſtans en vne prouince, le maiſtre de Camp tirera par mois mil eſcus: & le Cappitaine cent eſcus, reuenãs, a dix mille eſcus par an pour le maiſtre de Camp, et mille pour le Cappitaine. Car ſuiuant le Calẽdrier millitaire, l'an n'eſt quė de dix mois: & le mois de trente ſix iours, qui eſt a dire en François, qu'on n'ordonne auſdits ſoldats, que dix monſtres & payes par chaſcun an: deſquelles encores ſuyuant la doctrine moderne de Piémont & Daulphiné, le Gouuerneur en prend deux, pour leſquelles, i l fait expedier les roolles par quelques ſiens domeſticques, en qualité de Commiſſaires et Cŏtreroolleurs extraordinaires des guerres. Auſſi, il n'y a auſdites compaignies plus du tiers des ſoldats, dont s'enſuit la perte des places, villes, & prouinces: qu'on a apres grand peine, a remettre & reduire en obeiſſance. Il y a plus grand proffit ſur le regiment des gardes, dont le maiſtre de camp fait eſtat de douze mil eſcus par chacun an: & chacun Capitaine de dix mil francs. Il y a bien ordinairemẽt la moictié des ſoldats, Et quand il faut entrer & ſortir de garde, ou faire mŏſtre, on ſe ſert des crocheteurs ſauetiers et reuẽdeurs, que les Cappitaines entretiennẽt a vn eſcu par mois, & logis au quartier. Il y a de grands appoinctemens en ces compaignies, qui ſont bien payees, a raiſon de douze mois l'an: à la vigilence du Sieur d'Eſpernon, pour ſa plꝰ grande ſeureté. Voyla comme le Roy eſt ſeruy, pillé & vollé: & de cinquante mil hommes a pied Frãçois, qu'il entretiendra : il ne s'en trouuera le tiers, & le reste de l'argent, va en la bourse des Maistres de Camp et Cappitaines. Quand c'est vn Lieutenant du Roy, qui est enuoyé en quelque prouince, il prend langue comme ont fait ceux qui y ont esté enuoyés au precedent. Il s'accommode premierement, des droicts reuenuz & esmolumens du gouuerneur, tels qu'ils sont cy dessus speciffiés, Il fait proffit des traictes, de bledz, vins, marchandises & argent. Si c'est vn pays de Cõmerce, il s'associe auec les marchans il sçait faire passer & enuoyer, son pastel, bled, & vin, en la saison : & arrester & retenir d'authorité de Lieutenant de Roy & Gouuerneur, les marchandises des autres marchans, il aura sa compaignie de gens-darmes, composee de quelques domesticques : & dix ou douze souffre douleur qu'il enuoyera par les villages, pour faire venir le pied gris, amener & apporter, le bœuf, moutõ, Bois, foing, paille, & auene: pour estre exemptz des gens de guerre. De sorte que ces exactions, montent souuent autant que le principal de la taille. Mais la pitié est pour les lieutenans du Roy ausdites armees, qui ressemblent a vn ballon plain de vẽt, lequel d'vne petite picqueure est reduit a neant aussi en ces charges n'y a que du vent, qu'ils reputẽt a hõneur, & quelque petit appointement, qui ne suffit pour le quart de la despence qu'il conuient supporter, & se contentent de se veoir, bien montez, armez, brillans d'or & d'argent à la teste d'une armee : attendant quelque mousquetade, qui les enuoyera ad patres. Et de tout ce que dessus, ceux qui sont pres du Roy, prennent suject & argument de faire les affaires, piller & voller sa majesté & le peuple. Ils font entendre a sa dicte majesté, de combien il est necessaire d'entretenir ses gouuerneurs & forces par les prouinces, pour la conseruation de son estat. Qu'il faut aduiser les moyens de les payer, pour soulager le plat pays, & euiter que le peuple ne soit pillé. A quoy ils promettent vacquer & s'employer fidellement, sans foulle du peuple: & en sorte qu'il n'en aduienne aucune plaincte, & si aucune suruenoit, supplier sa ditte majesté de ne s'en trauailler n'y empescher, ains leur renuoyer le tout, pour en faire par eux en sorte que iamais elle n'en entendra parler, congnoissans le naturel du Roy estre bon, & qui ne veut qu'õ trauaille ses subiectz, & abusans de la confiance & pouuoir de sadicte majesté, ils exigent et font leuees de deniers sur le peuple en toutes manieres, soit de crues de tailles, gabelles nouuelles impositions, Creations d'offices & autres moyens illicites, montãs a grandes sommes de deniers, desquels il n'en reuient la dixiesme partie au proffit de sa dicte majesté. Il est vray que les fraiz en sont grands, car il conuient donner au Sieur d'Espernon, ou du moings qu'il ait l'affaire agreable, ou qu'il n'en sache rien du tout, puis pour la Cire: pour ceux des finances: pour leurs commis, pour la signature, au Secretaire qui porte l'Eedict en Parlement, & solicite la veriffication: aux gens du Roy, pour prendre cõclusions: & a leur clerc. Aux Presidens, dont les aucuns sont affectiõnez a l'Eglise, & les autres adorent la croix, mais cela ne va iusques aux derniers. Puis faut aduiſer d'auoir vn raporteur fauorable, des ſupoſts de Careſme-prenant. Il ne faut tant pour la chambre des Comptes, La Court des aydes ſe contente de peu : auſſi n'a elle communication qu'auec menues gens de baſſe condition : comme Fermiers, Tauerniers, Cabarettiers, & perſonnes qui abonnent a l'annee. Mais on ſe ſoucie peu des deux derniers poincts que la Cour de Parlement y ait paſſé. Tous leſquels fraitz peuuent reuenir à vne quatrieſme partie puis pour auoir argent contant, il le faut bailler à ferme, ou faire party, & ceux qui y entreront, ſe pourront aſſeurer d'eſtre ruinez, s'il ne ſont appuiez du triumuirat du conſeil, auquel, on doit faire congnoiſtre le reuenu que on en peut eſperer pour ſelon ſon iugement, le bailler à ferme ou en faire party à tel pris que bon luy ſemble & ſe contente d'vne ſomme de deniers pour vne fois ou bien par chacun an pour la manutention du partiſan. Si c'eſt vn grand Edict (ainſi nomment ils les grandes exactions) comme les cinq groſſes fermes : du ſel, du vin, de l'entree des marchandiſes, des toilles & des draps, il y prend part & portion : iuſques à traficquer, qu'on appelle la grande compagnie. De la quelle le fond eſt de douze cens mil eſcus ainſi qu'on dit, & y a les facteurs, qui negotient auecq les fermiers & partiſans : gens de neant ou de peu : qui ſont tellement enrichis par telz monopoles & moyens illicites que de petits compagnons ils ſont paruenuz à de treſ-grãds biens & richeſſes deſquels a bon droit, on pourroit repeter les neuf dixieſmes pour acquitter le Roy, & faire le ſemblable pour les dons immẽſes & deniers mal prins. Comme fit l'Empereur Galba apres le decez de Neron : & qu'il fut requis par les Eſtats tenuz à Orleans. Encores leur en demeuroit il aſſez, & trop plus qu'ils n'ont merité. Quãt à la Iuſtice : pour vn qui deuiendra riche, il y en a vne douzaine qui ſe morfonderont. Et pour congnoiſtre ceux qui ſont leurs affaires, il en faut parler à leurs clercs, qui portent vne partie de la deſpence de la maiſon. Et encores, ſi ce n'eſtoit le bon meſnaige des femmes, ſeroit peu de choſe que de leur fait Les financiers, ſont plus de myne qu'ils n'ont d'argent. Il eſt vray que ceux qui ont eu la faueur de ce petit Cleander : & depuis que l'on a fait traficque de contans, aucuns y ont enfilé leurs perles. Mais cela eſt ſubieƈt à recherches, & ſont eſponges royales. Les marchands, ſont les brebis : que on tond ſi ſouuent, qu'ils en ſont tous morfondus. Et les payſans ſont les oyes, qui ſont ſi maigres de force d'eſtre plumees, qu'ils ſemblent de carcaſſes : ne leur reſtant que la peau & les os. Et de toutes qualitez de perſonnes, le triumuirat ce gauſſe en ceſte ſorte : diſant, baniſſons ceſt importun, pour chaſſer quelque grand de la Cour qui les contrerolle : en luy baillant quelque gouuernement imaginaire. Ou bien : enuoyons ce Beuf à la boucherie, pour enuoier vn perſonnage de valleur, Lieutenant du Roy en vne armee. Et quand ils parlent en general de piller le peuple, eſcorchons nos veaux, comme en ſemblable ſont leurs inferieurs, parlans du peuple : Tondons nos moutons, & en terme de pratique plumons nos poulets. De maniere, qu'il ſe trouuera que le monde n'eſt compoſé que de mangeurs & de mangez. Et comme dit le bon compagnon, puis qu'ainſi eſt, il vaut mieux eſtre marteau qu'enclume: pourueu que Dieu n'y ſoit point offencé, & ne trouuera on mauuais, que vn chacun cõſerue & defende ſon biẽ, par tous moyens licites, & qu'on s'opoſe à la malice de ceux leſquels abuſant de la bonté & auctorité du Roy: & de crainte d'eſtre recherchez, ont vſé de tous artifices pour entretenir les guerres ciuilles: & empeſché les moyẽs, pour paruenir à vne reformatiõ & reconcilliatiõ: ſoubs vn Dieu, vn Roy, vne Foy & vne Loy, à celle fin, qu'il n'y eut qu'vn ſeul Paſteur & vne bergerie, qui dõne puiſſance aux Roys, & forces aux Magiſtrats pour regner en toute paix & iuſtice, & nõ pas tous les moyens politiques contenus en voſtre diſcours, qui n'ont non plus de force & de vertu, que vos vins bretõs, & ſi n'en auez de meilleurs: n'eſperez que ie vous aille voir, aymãt mieux boire pardeça des vins ferrez, que l'õ nous enuoye de Gaſcoigne, que de voſtre piſcantine. En ceſt endroit ie finiray la preſente, par mes affectionnees recommandations à voz bonnes graces: priant Dieu

Monſieur vous donner en ſanté treſbonne & longue vie, de Rouen ce xxviii. iour de Iuing 1588.

DOCUMENTS

RELATIFS AU SÉJOUR DE HENRI III

A ROUEN, EN 1588.

I.

Le XXIII may M. V^{c} IIII^{xx} huict, sur les huict heures du soir feurent receuz (à l'Hôtel-de-Ville de Rouen) les lettres du Roy dont la teneur ensuict :

De par le Roy.

Très chers et bien amez, ayans entendu l'affection que vous avez monstrée à notre service sur l'accident (1) naguères advenu en notre ville de Paris, au mespriz de notre authorité et grant regret de tous les gens de bien de notre Royaume, et que vous avez faict une bien ample déclaration de votre dévotion à notre obéissance avec tout devoir de vous y mainctenir et conserver, sans vouloir aucune chose

(1) Palma Cayet, I, 88, appelle de même *accident* le meurtre du duc et du cardinal de Guise.

oyr qui y peust préjudicier, nous ne pouvons que vous tesmoigner le grand contentement que en avons receu, vous admonestant d'y persévérer tous jours constamment, avec certaine confiance que c'est le plus asseuré moyen de conserver votre repoz et tranquilité, outre que vous y estes naturellement obligez ; et afin que vous y puissiez mieux y estre maintenuz, nous vous ordonnons que vous n'ayez à laisser entrer en notre ville de Rouen aucun prince, seigneur, ny autre personne de qualité qu'il n'ayt passeport signé de nous et contresigné de l'ung de noz secrétaires d'estat, à quoy vous ne ferez faulte. Car tel est notre plaisir. — Donné à Chartres, ce xxiie jour de may 1588 ; et au bas est escript de la propre main du Roy : « Vous verrez le commandement de ma propre main qu'en ay faict à la lettre du sieur de Carrouges. Suivez le de poinct en poinct. Signé : HENRY, et plus bas : Brulart. » Et sur le doz : A noz très chers et bien amez les maire, conseillers eschevins et habitans de notre ville de Rouen.

Et à l'instant messieurs Du Pont, de Guillotz, Colombel et Le Pigny, conseillers, feurent devers ledit seigneur de Carrouges pour entendre ses commandemens et les suivre de point en point suivant le contenu ausdites lettres, ce qu'ils feirent présence du greffier de ladite ville.

Archives municipales de Rouen ; Journal de la ville.

II.

A nos très chers et bien amez les conseillers eschevyns de notre bonne ville de Rouen.

De par le Roy.

Très chers et bien amez, Nous avons ouy de nouveau par notre cousin le duc d'Espernon ce que vous luy avez remonstré touchant l'augmentation que avons cy-devant ordonnée sur la viconté de l'Eaue de Rouen, à quoy nous sommes bien délibérez de pourveoir le plus à votre soulaigement qu'il sera possible. Mais cependant, pour estre encores plus esclairciz des droictz d'icelle viconté, nous vous mandons que vous ayez à depputer deux de votre corps ou autres bons bourgeoys pour les nous venir déclairer, avec lesquelz nous adviserons de ce qui se pourra faire pour le soulaigement du peuple. Aussy désirons nous bien qu'ilz viennent garniz de quelques expédiens, par lesquelz nous puissions nous acquicter d'une debte fort privillegée qui avoit esté assignée sur ladite augmentation. Cependant nous avons ordonné que les choses seront tenues en surcéance.— Donné à Chartres, le xxvie jour de may 1588. Signé : HENRY, et plus bas : Brulart. — Receue par les mains de mons. de Carrouges, le xxviiie jour de may 1588.

Archives municipales de Rouen, 400. 1.

III.

A nos très chers et bien amez les conseillers eschevins, bourgeoys, manans et habitans de notre ville de Rouen.

De par le Roy.

Très chers et bien amez, oultre ce que vous avez peu cy-devant entendre des choses qui sont depuis peu de temps avenues en notre ville de Paris, à notre très grand regret, comme nous estimons aussy que tous les gens de bien de notre Royaume en portent beaucoup d'enuy en leur cœur, nous avons voulu dépescher en Normandye le sieur d'Emery, conseiller et me des Requestes de notre hostel, affin de vous parler de notre part sur ce subjet et vous déclarer ce que nous désirons de vous et de noz autres bons subjects dudit pays, pour l'amour, affection et obéissance que nous devez naturellement, de quoy vous le croirez comme nous mesmes qui nous promettons qu'en cest endroict vous vous montrerez si fidelles et loiaulx que nous aurons toute occasion d'en demeurer très-contans et bien satisfaictz. — Donné à Chartres, le xxviie jour de may 1588. Signé : HENRY, et plus bas : Brulart. — Receue le iii juing 1588.

Archives municipales de Rouen, 400. 1.

IV.

A nos chers et bien amez les Doyen, Chanoynes et Chappitre de l'Eglise cathédralle de Rouen.

De par le Roy.

Chers et bien amez, oultre ce que vous avez cy devant peu entendre des choses qui sont depuis peu de temps advenues en notre ville de Paris à notre très grand regret, comme nous estimons que tous les gens de bien de notre royaume en portent beaucoup d'ennuy en leur cœur, nous avons voulu depescher en notre pays de Normandye le s[r] d'Emery, conseiller et m[e] des Requestes de notre hostel, affin de vous parler de notre part sur ce subject et vous déclarer ce que nous désirons de vous et de noz autres bons subjectz dudit pays, pour l'amour, affection et obéissance que nous devez naturellement, de quoy vous le croyrez comme nous mesmes, qui nous promectons qu'en cest endroict vous vous monstrerez si fidelles et loyaux que nous aurons toute occasion d'en demeurer très contens et bien satisfaicts. — Donné à Chartres, le xxvime jour de may 1588. Signé : BRULART.

Archives de la Seine-Inférieure ; F. du Chapitre.

V.

Lettre de Catherine de Médicis à M. de Nevers.

Nous asamblons encore ainui, c'et prendre la dernyere resolution, cet nous pouvons. Le Roy couche anuyt à

Rouen, dequoy je suys bien ayse, car c'et une de principalle ville après cete ysi, au moyen qu'il n'est pas sans avoyr une bonne et honorable retraite. Mon cousin, je désyre ynfinyment vous savoyr aupres du Roy car yl enna besouyn.... 15 juin 1588.

Bib. Imp. Portefeuilles de Fontanieu, 377-378.

VI.

Lettre de Henry III au duc de Nevers, 20 juin 1588.

A Mon cousin Mons. le duc de Nevers.

Mon cousin,

La letre que vous m'avez maintenant escrite par le jantilhomme porteur de la prézante miene m'a confirmé tous jours de plus en plus l'asseurance que vous m'avez tesmoignée et donnée par le passé de vostre ardante devotion et affection au bien de moi, mon service et affaires de mon estat de quoy demeurant très satisfait, je ne puïs assez vous le declairer et remercier. Je suis à Roan où je eté très bien receu et veu de tous mes subjets d'icelle ville de Roüan. Je ne scay ancore si jei sejourneray. Sellon ce que je pourrai resoudre je vous an advertirai dans six ou sept jours, priant Dieu mon cousin vous avoyr an sa sainte guarde. A Roüan. HENRY.

Bib. Imp. Portefeuilles de Fontanieu, 377-378.— Fontanieu, qui nous a conservé la copie de cette lettre, indique que l'original se trouvait à la Bibliothèque du roi, mss. de Mesmes, *Mémoire sur la Ligue*, in-folio, T. III, n° 8931. Vérification faite, j'ai dû constater que cette pièce avait été volée.

VII.

A l'Hôtel-de-Ville de Rouen.

Du dixième juing M.V^c IIII^xx huit, en l'assemblée des vingt-quatre du conseil tenue par Me Jacques Cavelier, escuier, conseiller du roy, lieutenant général au bailliage dudit Rouen pour députer quelques ungs de la compagnie pour aller remercyer le Roy,

Le procureur de la ville a protesté de nullité de la presente assemblée d'autant qu'il n'y a esté invité par le sergent, réquérant qu'il en feust blasmé ; sur quoy, oy le dit sergent en ses excuses, luy a esté enjoinct pour l'advenir faire ses semonces bien et deuement en ce faict

Ont esté nommez, commis et deputez nobles hommes Octovian Bigot, sieur d'Esteville, et Simon Le Pigny, sieur des Costes, conseillers et eschevyns, Jehan Voisin, sieur de Guenonville, ancien conseiller et secrétaire du Roy, Jehan Colombel, procureur syndic, et Robert Gosselin, quartenier, pour remercyer Sa Majesté de la gratiffication qu'il a faicte à la ville ; et là où Sa dicte Majesté leur déclareroit qu'elle désireroit y venir, ils luy feront entendre qu'il y sera le trez bien venu.

Messieurs Du Pont, Bigot, de Guillotz, Colombel, Le Pigny, Herembourg, conseillers modernes; Voisin, Puchot, J. Dufour, Ch. du Four, Trancart, anciens conseillers; Me Jehan Colombel, procureur; Gosselin, Dujardin, Deshommetz, Faucon, quarteniers.

Le lundi, XIIIe jour de juing M. Vc quatre vingtz huit, le roy vint en ceste ville et feurent au devant de luy messieurs les lieutenant général et eschevyns suiviz des vingt-quatre du conseil et officiers de la ville avec cent des plus notables bourgeois, tous à cheval et en housse, accompaignez de la Cinquantaine jusques au hault du Mont-Ste-Caterine, auquel lieu se mirent à pied, et à genoux luy feust faict une harengue par ledict lieutenant général Me Jacques Cavelier qu'il eust fort aggréable.

De là Sa Majesté entra pár la porte Martainville, accompagné de plusieurs princes et seigneurs, marchans au devant de luy lesd. lieutenant, eschevyns, vingt-quatre, officiers et bourgeois; et vint à Notre-Dame où il feist son oraison, et luy feust chanté *Te Deum* en musique, et entra par le grand portail Notre-Dame où luy feust faict autre harengue par le chappitre.

Aprez sortit par ledit portail et vint par la grand rue tirant à la Crosse, et de là en son logis à St-Ouen, tousjours accompaigné des dessusditz qui après luy avoir de rechef présenté toute obéissance, prindrent congé de Sa Majesté.

Le lundi, vingt^{me} desd. mois et an, Sa Majesté vint prendre la collation de confitures en la maison commune de ladite ville, accompaigné de plusieurs princes et seigneurs, en laquelle feurent invitées par les quarteniers nombre des plus signallées damoiselles de la ville, où feust dressé le bal, et sur les trois à quatre heures les quatre quarteniers allèrent quérir Sad. Majesté qui l'advertirent que tout estoit préparé, et les dits six eschevyns le feurent recevoir à la première grand porte dudit Hostel-Commun, demeurant ledit sieur lieutenant et le reste du conseil de la ville au mitan de la court; et au sortir de la salle où se faisoit lad. collation, remercièrent Sad. Majesté, lesdits six eschevyns parlant par le sieur Dupont, premier conseiller eschevyn, et la suplièrent très humblement vouloir prendre en gré ladite collation et les excuser, si elle n'estoit telle comme il luy apartenoit, lequel dict qu'il s'en contentoit très bien et du devoir des habitants de ladicte ville. Et de là l'accompaignèrent lesd. sieurs eschevyns jusques audit lieu de St-Ouen, luy tenant tousjours propos honnestes ledit sieur Dupont.

Et le jeudi, XXIIe jour de juillet ou dit an, Sa Majesté partit de ceste ville et feurent le reconduire à cheval et bottez lesd. sieurs lieutenant général, eschevyns, vingt-quatre du conseil, officiers suiviz de plusieurs notables bourgeois jusques envyron une lieue, auquel lieu, après luy avoir rendu toute obéissance, il les licentia.

Archives municipales de Rouen; Registres des délibérations.

VIII.

Lundi XIII *juin* 1588, *au chapitre de Notre-Dame de Rouen.*

Il a esté conclu que Monsr. le grand archidiacre, accompaigné de messieurs les dignitez et deux des antiens de messieurs, prins un de chascun costé, portera la parolle au Roy que l'on dict arriver aujourd'huy en cette ville. En laquelle estant arrivé s'est presenté en l'église de céans, et par aprez retiré en son pallais à Saint-Ouain, auquel lieu a esté bénignement receu de tous les habitanz.

Du mardi XIIII dudit mois.

Capitulum : Messieurs Bigues, grand archidiacre, Vymont, Tourmente, Bigot, Cossart, de Ver, Guernier, Marc, De Caulz, De la Place, de Saldaigne, Mallet, Sanson, Le Paincteur, Le Pigny, Cavellyer, Allorge, Cantel.

Monsr. le grand archidiacre, accompaigné de messieurs Tourmente, Bigot et Ballue, présentera à Sa Majesté six gallons de vin et six grands pains de chapitre, suppliantz à Sa dite Majesté d'exempter la compagnie de loger en leurs maisons.

Les lettres envoyées au Roy, lorsqu'il estoit à Chartres

ayant esté dressées par mons^r^. le chantre, ont esté trouvées très aggréables à Sa Majesté, mesme à messieurs les princes, ainsy que les lettres de mons^r^. de Martimboz, présentement leues, ont faict entendre. Ce entendu, a esté conclu qu'elles seront registrées au livre des ordonnances de chapitre, ce qui a jà esté faict.

Du mercredi xve dudit mois.

Monsieur Cossart, comme ayant accepté faire la journée de demain, a dict avoir entendu de la part de mons^r^. le cardinal de Lenancourt, que Sa Majesté estoit délibérée venir ce jourd'huy aux vespres et assister demain en la procession à grande messe du chœur; à celle occasion il remettoit l'office à faire, et supplyoit la compaignie d'en ordonner ainsy que de raison. Sur ce propos, icelluy sieur grand archidiacre a dit avoir fait ouverture audit sieur cardinal de ce faire, lequel ne lui avoit donné responce, et qu'il seroit bon que le chapitre advisast s'il seroit bon supplyer ledit sieur cardinal de faire ledit service. Davantage mons^r^. Vigor a dict que par le commandement du Roy messieurs de la court se trouvent demain en robbe rouge en la procession, lesquels vouldront prendre séance en chœur, pour laquelle y a eu toujours debat.... A esté conclud que l'on ne parlera audit sieur cardinal de faire ledit office, et pour cause.

Archives de la Seine-Inférieure; Délibérations capitulaires.

IX.

Remontrances faites au roi, le dernier jour de juin 1588, *par Claude Groulart, premier président au Parlement, au nom de sa compagnie.*

Sire, vostre court de Parlement de Normandie supplie très humblement Vostre M. accepter et avoir pour agréable le service et fidelité avec laquelle elle s'est tousjours maintenue en vostre obéissance, ayant convié par son exemple le reste du peuple à ce conduire en ce temps si estrange de sorte que V. M. en a reçeu grand plaisir et contentement.

Et aussi, à la verité, elle en a rendu beaucoup de tesmoignage, car ayant congneu le faix excessif qui l'eust de bref accablé du tout, a jetté dessus les yeus de sa bienveillance et pris peine de le descharger, sinon du tout, au moins d'une partie, avec une telle démonstration que nous avons espérance que ces beaus et glorieus commencemens seront suivis d'ung effect qui fera vivre à jamais vostre mémoire à la postérité comme du père et protecteur de son povre peuple affligé

Or, afin que nostre compagnie puisse participer à ceste bonne volonté, elle suplie très humblement V. M. se ressouvenir que par plusieurs et diverses foys elle lui auroit fait instance de tant de pernicieus édits qui s'inven toyent chacun jour à la foule et oppression de tout le pais et de vostre bonne ville de Rouen, qui ne pouvoyent en fin apporter que de très pernicieuses et périleuses conséquences, de sorte que les difficultés qu'elle faisoit de procéder à la vérification n'estoit pas pour résister à vos commandemens qu'elle aura tousjours en admiration, mais pour obvier à la ruine du pais, la conservation duquel V. M. et celle de vos prédécesseurs Roys avoient commise sur leurs consciences; et se remettant devant les yeus les responses que V. M. faisoit aus remonstrances de vostre court, condamnant d'une iniquité toute apparente ces abominables inventions, nous nous asseurons tous que, comme desja vous y avez mis la main, vous ne la retirerez plus que vous n'i ayés aporté la guerison entiere, coupant d'ung seul coup une racine si dangereuse qui faisoit tousjours renaistre et pulluler de nouveaus malheurs. Et toutes foys où d'ung trait vos affaires ne vous permettroient retrancher le tout, attendant que Dieu vous en donne ung plus grand moyen suivant vostre sainte intention et l'inclination que l'on a veu reluire en vostre naturel de pourchasser le bien et soulagement de vostre povre peuple, nous suplierons V. M. acompagner la révocation qu'elle nous a jà envoyé de quelques autres qui tournent merveilleusement à la foule du peuple et empeschent la droite administration de la justice, assavoir le parisi des épisses et receveurs d'icelle, les clercs des greffes et greffiers de présentations. Car, où

Vostre M. doit la justice gratuitement à ses subjects jusques aus plus petis, toutesfoys par ces édicts, soit que l'on en regarde l'introduction, soit que l'on considère la fin, se trouvera non seulement vénale contre l'exprès commandement de Dieu et tant de saintes ordonnances de vous et de vos prédécesseurs Roys mais aussi que c'est vous, Sire, qui en retirerés le profit. Ne permettés donc plus qu'une tasche si noire corrompe plus long temps et rende atemptible la plus belle marque et fleuron de vostre Royaume et qui la rendu admirable aus nations estrangères plus que non pas ses armes victorieuses, encor qu'il n'i aye coing au monde où il n'en soit resté des trophées.

Et comme vos prédécesseurs ont tousjours esté curieus de conserver la dignité de la justice et la transmettre à leurs successeurs aussi belle comme ils l'avoient receue, aussi ont-ils pris grand soing et se sont estudiés à faire honorer et respecter les officiers et dispensateurs d'icelle ; autrement c'est entrer au mespris de la puissance de Dieu, lequel parlant à Samuel déclare que c'est sur lui qu'en redonde la honte ; c'est subvertir les loys fondamentales des républiques et de la société, puisque la tuition d'iceus leur est commise ; c'est contemner l'autorité du souverain qui les crée pour estre les principaus subjects qui soient sous sa domination.

Nous nous plaignons à vous, Sire, comme à nostre bon roy, qui peut et doit y apporter remède, que nous y avons esté extremement vilipendés, non pour avoir usé d'aucune opiniatreté, que nous savons estre dangereuse à tout magistrat que la necessité contraint d'obéir quelquefoys à la tempeste et se rejeter au milieu des ondes et en pleine mer plus tost que imprudemment s'obstiner à entrer au port, quand le péril y est tout apparent, mais pour avoir tasché de conserver les sermens que nous faisons et devons faire à l'entrée de nos charges, pour maintenir l'opinion que le peuple, qui se repose sur les magistras, devoit avoir de nous, laquelle estant esbranlée introduiroit tout désordre et confusion. L'on nous a par plusieurs et diverses clauses insolites osté la liberté d'opiner, sans laquelle tout bon sénateur ne doit désirer d'estre ni de parler ; l'on a decreté comparence personnel contre notre procureur général; on n'a voulu admettre aucunes excuses de ceus qui estoient proches du tombeau, et si souvent tirés hors de cette ville que jà nous estions exposés à la risée et moquerie du monde qui nous tenoit plustost pour messagers ordinaires que non pas pour officiers qui représentoient la personne d'ung si grand roy que vous ; et, qui pis est, quelques ungs, abusans de vostre bonté naturelle, qui vous fait embrasser les plus infimes de votre royaume, on a aigri par divers artifices Vostre Majesté à l'encontre de nous, c'est à dire on nous a presque plongés au désespoir, n'i en ayant aucun plus grand à ung bon subject que de penser estre sans cause en mauvaise grace et indignation de son prince. C'est ce qui nous enhardit, Sire, d'oser affirmer à Vostre Majesté qu'une des principales causes de tant de misères qui affligent vostre Royaume a de là pris son origine et qu'il est difficile, voire impossible du tout, de remettre les choses en leur entier et establissement premier, si on ne commence à remédier à ce désordre.

Nous y adjouterons que l'ordre judiciaire est du tout anéanti et gasté par les fréquentes évocations qui coupent le pied à toute justice et qui nous ont osté tout moyen de faire aucune punition des crimes, ne pouvant montrer aucun bel exemple de séverité depuis qu'elles ont esté introduites. Car, en tout procez criminel, la dilation est si conséquencieuse que jamais on n'en a veu rien tourner à bien, depuis qu'ils sont tirés en longueur. Et afin que j'en laisse ung nombre excessif, je me contenteray de vous parler d'une toute nouvelle, donnée, depuis que Votre Majesté est partie de Paris, au procureur de Beaumont-le-Roger, qui, étant prévenu d'avoir cruellement homicidé ung povre homme d'ung coup d'harquebuze, qui lui fust tiré alant à l'église et tenant ung de ses petits enfans par la main, prévenu aussi d'avoir fait assassiner et meurtrir le frère du deffunct qui en poursuivoit la justice, va par dilations rechercher l'impunité de deus si qualifiés meurtres ;

Et, pour le civil aussi, une où ung poure homme, pour

six acres de terre seulement qui ne pouvoient valoir deux cens livres, auroit gagné sa cause en la court de Parlement dès l'an 1546, dont sa partie auroit obtenu requeste civile, de laquelle il auroit esté débouté. Ayant depuis évoqué au Grand Conseil, seroit derechef intervenu arrest par lequel les précédens auroient esté confirmés, la partie condamnée à l'amende. Evoque le mesme en votre Privé Conseil où y auroit eu confirmation de tous les mesmes arrests. Et, neantmoins, sur une requeste donnant à entendre qu'en tant de jugemens on n'auroit pas examiné les pièces comme il estoit requis, auroit obtenu de nouveau commission pour revoir le tout. Cela, Sire, est si estrange qu'il ne faut plus penser que la malice des plaideurs puisse estre bridée ni refrenée, si l'on ne tient la rigueur à vos ordonnances qui, outre les évocations, deffendent expressément les requestes civiles de requestes civiles et qui rendent les arrests de vos cours souveraines comme simples appellations d'ung petit juge. Et, pour n'ennuyer Votre Majesté par trop long discours je laisseray à présent la conséquence qui provient des *committimus* soit de Messieurs du Saint-Esprit, secrétaires, aumôniers, officiers de votre maison et d'autres qui en ont le titre et archers de la garde pour l'espérance que nous avons que Votre Majesté et Messieurs de votre Conseil y pourverront, nous voyans dépouillés de la congnoissance ordinaire qui nous a esté attribuée de tout temps et nos priviléges cassés, la perte desquels nous tenons aussi chère que la vie, y ayans tousjours attribué une fatalité avec la conservation du pays. Mais il y a une chose que nous ne pouvons passer sous silence et à laquelle s'est commis tant d'abus que le ciel et la terre sont remplis des oppressions qui se sont faites par des vibaillis, sous prétexte qu'ils se prétendent exempts pour les malversations qu'ils font de votre jurisdiction, qui fut cause, il y a environ douze ans, que Vostre Majesté, à la requeste de tous les Estas de Normandie, avoit ordonné que nostre court en congnoistroit. Nous ne sommes jaloux de leurs charges ni envieus d'exécutions sévères qu'ils doivent faire; nous les leur remettons fort volontairement. Mais quand ils faillent, qu'ils soient en ung perpétuel asyle, c'est chose, Sire, que Vostre Majesté qui soutient ung si pesant fardeau et duquel néanmoins il est responsable, doit diligemment considérer, et quand, suivant ce que vous ordonnastes, nous y aurons l'œil, ils se peuvent asseurer que nous tiendrons la main à les faire honorer et respecter comme ung magistrat très nécessaire pour contenir le païs en paix et en repos.

J'adjousteray pour la fin une chose qui a merveilleusement vexé, tourmenté et réduit à mendicité votre poure peuple, à sçavoir la licence effrenée des gens de guerre qui continuent de pis en pis à ravager ce qui reste encor pour payer les charges de Vostre Majesté, et qui contraignent la pluspart des plus humbles à devenir forcenez et essayer par moyens illicites, et ausquels, à trait de temps, il seroit impossible de s'opposer, à se parer d'une si grande violence, et ne faut espérer que jamais Vostre Majesté soit bien servie, si elle n'essaye de rappeler la discipline militaire, qui estant lachée a ouvert la porte à toute confusion. C'est à quoi tous les anciens grands capitaines, roys et empereurs se sont estudiés en préserver leurs Etats qui estoient menacés de ruine par une telle dissolution. Finablement, Sire, nous suplions Vostre Majesté arrester le cours à tant de levées extraordinaires qui se font par les thrésoriers de France sur simples lettres contre les privileges de ce païs, duquel, comme en le traitant doucement vous tirés tant de commodités, aussi faut-il tenir pour asseuré que, venant par impossibilité à manquer, vos affaires en seroient fort traversées.

Donnant donc ordre à tout ce que je vous ay discouru, nous nous asseurons que Dieu bénira vostre sainte entreprise, qui tournera à l'honneur de ce royaume et louange incroiable de vostre nom, et que d'ung chacun vous serés aimé, craint et réveré d'ung ceur, d'ung zèle et d'une affection pure et nette, et qui a plus de puissance pour vostre conservation que toutes les armées qui vous pourroient environner.

Extrait des Mémoires de Groulart, *manuscrit autographe faisant partie de la Bibliothèque de Rouen.*

X.

Formule de serment pour l'union.

Nous soubz-signés jurons et promettons à Dieu notre créateur, et au Roy, notre souverain seigneur, d'employer, soubz l'auctorité et les commandemens de Sa Majesté toutes nos forces, personnes et moyens, jusques à notre propre vye, pour extirper de ce royaulme, pays et terres de l'obéissance de Sadite Majesté, tous schismes et hérésies condempnées par les saincts concilles et principallement par celluy de Trente. Jurons et promettons aussi de ne receveoir à estre Roy et ne prester obéyssance à prince quelconque qui soit herétique ou fauteur d'hérésie, advenant qu'il plaise à Dieu disposer de la vye de Sadicte Majesté sans luy donner des enffans. Jurons aussi et promettons pareillement de nous deffendre et conserver les ungs les autres, soubz l'auctorité et commandement de Sadicte Majesté, contre les oppressions et viollances desdits héretiques et leurs adhérans, vivre et mourir en la fidellité que nous debvons à Sadicte Majesté, et d'exposer franchement nos biens et personnes pour la conservation de Sadicte Majesté et de son auctorité, et aussi des enffans qu'il plaira à Dieu de luy donner, envers et contre tous sans nul excepter. Nous jurons aussi et promettons de ne faire aucunes pratiques, intelligences, ligues et assotiations dedans ny dehors ce dit Royaume, contraires a l'unyon que Sadicte Majesté a faicte de tous ses dicts subgectz catholiques, sa personne et auctorité royalle, et pareillement à celle des enffans qu'il plaira à Dieu lui donner, sur les peynes des ordonnances de Sadicte Majesté, et d'estre tenus infracteurs de nos serments. — Fait à Rouen le XIXᵉ jour de juillet 1588. Signé, Caterine, Charles, cardinal de Bourbon, Charles, cardinal de Vendosme, Ludovico Gonzague. Je signe sans faire préjudice aux princes du sang catholique qui observeront l'édit de réunyon que Sa Majesté a faict. — Charles de Bourbon. Je signe sans faire préjudice aux princes du sang catholique qui observeront l'édit de réunion que Sa Majesté a faict. — François de Bourbon. Henry d'Orléans, Henry de Lorraine, Phelippes cardinal de Lenoncourt, Hurault, de Gondy, Biron, Daumont, Charles, B. d'Orléans, François d'Orléans, Villequier, Bellièvre, d'Epinac, archevesque de Lyon, Lanssac, Sessac, Gaspart de Chombert, B. archevesque de Bourges, Sipione Fiesque, de Neufville, Brulart, Pinart, Carolo Birago, Tanegui le Veneeur.. .. de Combaud, Miron, Charles de Balsac, Nieuse....Chandon, Petremol, Chasteauvieux, Le Roy, Chemerault, Tillières, Castel. .. de Boulle, C. de Biron,

François du Plessis, F. de Montpesat, Roger de Bellegarde, de Crillon.

Bibliothèque Impériale; fr, 3,976. — Bien que cette pièce soit datée de Rouen, il est certain que c'est à Paris qu'elle fut signée par Catherine de Médicis et par le cardinal de Bourbon.

NOTES.

NOTE PREMIÈRE.

Henri III à Rouen, 1578.

En 1578, Henri III étant à Charleval avec la reine mère, la reine régnante, la reine de Navarre, le cardinal de Bourbon, Saint-Luc, d'O et Pinart, l'idée lui vint de visiter la ville de Rouen, non pas en roi, mais en curieux. Il voulait qu'on ne lui parlât, pendant ce voyage, d'aucune affaire, et qu'on réservât les demandes qu'on avait à lui adresser pour le temps qu'il se proposait de passer à Gaillon.

Villeclair vint avertir les échevins du désir du roi. Après s'être bien convaincus par le rapport des députés, qu'ils envoyèrent à Charleval et qui virent Catherine de Médicis, que Villeclair s'était acquitté fidèlement de sa commission et qu'eux-mêmes l'avaient bien compris, ils délibérèrent qu'on s'abstiendrait de toutes les cérémonies qui avaient lieu d'ordinaire aux *joyeuses entrées* (1).

Le 16 juin, Henri III vint à Rouen à ces conditions. Il n'y eut aucune démonstration à sa venue. On ne l'alla voir « de la ville ni en corps ni en particulier. »

Cependant, après avoir pris l'avis du cardinal de Bourbon, il fut décidé que l'on préparerait, à tout événement, « un arrière-banquet de confitures et dragées en l'hostel-commun. »

« Suyvant ce, lisons-nous dans les délibérations municipales, S. M. s'est délibérée l'endemain prendre sa collation en ladite maison de ville sur les huict heures du soir, accompagné de la royne sa mère, la royne régnante, royne de Navarre sa sœur, Monsr le cardinal de Bourbon, duc de Mercure (Mercœur) et autres seigneurs et dames en grand nombre duquel arrière-banquet S. M. s'en est grandement contentée. »

Il y parut par la délibération suivante qui porte la date du 15 juillet suivant : « A esté advisé que les chariotz et pièces de sucre qui avoient esté faictz au banquet dernièrement faict au roy et aux roynes en l'hostel-commun de ladicte ville, lesquelz ladite dame avoir laissées et commandées que on lui envoyast, seroient envoyées à ladite dame à Paris accom-

(1) *Arch. municipales de Rouen ; Registre des délibérations.*

pagnées de quelque nombre d'autres confitures jusques à la valeur de 50 escus. »

Pour la confiserie de Rouen de pareilles délibérations valent le vers de Boileau :

Et le premier citron à Rouen fut confit.

NOTE DEUXIÈME.

Sur la garde bourgeoise en 1588.

On voit par une lettre de de Catherine de Médicis aux doyen et chapitre de Rouen, du 27 novembre 1587, que le service de cette garde faisait assez mal, et n'offrait au gouvernement qu'une bien faible garantie contre une invasion de l'armée étrangère qu'on redoutait alors du côté de la Picardie : « Je m'informe, écrivait Catherine de Médicis, de plusieurs personnes qui vont et viennent souvent à Rouen de la garde, que j'ay sceu estre si mauvoise et avec si peu de debvoir que le roy Monsieur mon filz le sçaichant n'en pourra estre que très mal content, veu ce que, à son partement de ceste ville, il en a escript au sieur de Carrouges pour le faire entendre à tous les corps de ladite ville. Mais ce qui m'en a semblé plus estrange est que l'on dit qu'il n'y a ung seul officier du roy mon dit seigneur et filz qui ne néglige d'y aller ou envoier, ce que congnoissans les marchans et artisans, ilz le méprisent de leur part avec beaucoup de murmure, disant n'estre obligez à garder ceulx qui ont sans comparaison plus de moyens qu'eulx, qui seroit enfin leur donner ung bien apparent subject de sédition et les faire ellever à l'encontre de vous et autres des plus apparens de ladicte ville qui voullez charger lesdits artisans et autres personnes de basse condition de toute la peine et fatigue qui leur est d'autant plus malaysée à supporter... En ceste ville (Paris), qui doibt estre l'exemple et la lumière des autres villes de ce royaume, nul ne prétend s'en exempter jusques à ceux du Conseil du roy mon dit s^r et filz et des premiers de la cour de Parlement.

Archives de la Seine-Inférieure. F. du Chapitre.

NOTE TROISIÈME.

Sur les Oratoires en 1588.

Le goût des oratoires et des processions avait commencé, il y avait de ça quelques années, et l'exemple du roi avait contribué à le répandre.

Dès le mois de novembre 1575, Henri III « avoit faict mettre sus par les églises de Paris les oratoires autrement dits les Paradis où il alloit tous les jours faire ses aumônes et prières » (1). Au mois de mars 1583, il institua une

(1) *Mémoires pour servir à l'Histoire de France*, 1719, I, 59.

nouvelle confrérie dite la congrégation des Pénitents de l'Annonciation de Notre-Dame, dans laquelle il fit entrer le chancelier de Birague et les principaux personnages de la cour et du parlement. Les premières cérémonies s'en firent, le 15 de ce mois, « auquel jour fu faicte la procession des confrères... Le roy marcha sans garde ni différence de confrères ; le cardinal de Guyse portoit la croix, le duc de Mayenne estoit maistre des cérémonies, et frère Edmond Auger, jésuite, conduisoit le demeurant. » On y chanta « des cantiques mélodieux ; il s'y fit entendre une très harmonieuse musique. » (1)

Le mardi 21 juillet 1587, le cardinal de Bourbon, comme abbé de S. Germain-des-Prés, fit faire une « solennelle procession à laquelle il fit marcher tous les enfants, fils et filles des faubourgs Saint-Germain, pour la plupart vestus de blanc et pieds nuds... Y avoit une musique très harmonieuse, mesme y estoient portées les sept chasses de Saint-Germain par des hommes, nuds pieds et en chemises, assistés d'autres qui portoient des flambeaux. A icelle le roy assista en habit de Pénitent blanc marchant en la troupe des autres, et les cardinaux de Bourbon et de Vendosme, en leurs habits rouges, suivis d'une grande multitude de peuple. » (2)

(1) *Mémoires pour servir à l'Histoire de France*, p. 175.
(2) *Ibid.*, p. 225.

A l'exemple de Paris, toutes les villes du royaume voulurent avoir aussi leurs processions et leurs oratoires. — Peu de jours avant les Barricades, par le commandement du cardinal de Bourbon, ses grands vicaires ordonnèrent une procession solennelle pour le vendredi saint 15 avril 1588. Le chapitre délibéra que la compagnie marcherait en corps, partirait de la cathédrale à sept heures précises du soir pour se rendre successivement à Saint-Vivien, à Saint-Godard, où était l'oratoire, aux Jacobins et aux Cordeliers. « La processionse fit avec grand dévotion et grand nombre de peuple. On y remarquoit 28 Pénitents revestus de blanc, partie les pieds nuds; au devant d'eux on portoit une grande croix sur laquelle était attaché un grand crucifix. Tout fut conduit en bon ordre. La procession rentra à la cathédrale environ 12 heures de nuit » (1). M. de Carrouges, gouverneur de la province, et les compagnies assistèrent à cette cérémonie. — Lundi de Pâques, procession aux Capucins où était l'oratoire. — Mardi de Pâques, procession à Saint-Lô, où une grand'messe fut chantée par l'évêque de Rosse. — Dimanche 24, oratoire aux Jacobins pour les capitaines de la ville. — Vendredi 10 juin, oratoire à Saint-Amand. Sur la demande de Groulart, le chapitre autorisa

(1) Farin, *Histoire de la ville de Rouen*, I. 3e partie, p. 50. — *Archives de la Seine-Inférieure. Registres capitulaires de Notre-Dame de Rouen.*

le sacriste de la cathédrale à prêter de l'argenterie pour la décoration de cet oratoire. (1)

Cette mode dura plusieurs années. Chaque oratoire était de huit jours. On y déployait une assez grande pompe, et surtout on y faisait beaucoup de musique. En général, les frais de ces oratoires n'étaient point à la charge des fabriques. Nous notons comme exception les deux exemples suivants. Compte de la paroisse Saint-Laurent, de Pâques 1587 à Pâques 1588 : « Payé aux presbtres, organiste, sonneur pour avoir faict le debvoir d'assister, organiser et sonner, coucher et veiller pendant les huit jours de l'Oratoire, xv l. » — Compte de la paroisse Saint-Michel, du 23 avril 1590 au 16 avril 1591 : « Payé à M. le curé de S. Michel pour avoir vaqué à officier durant l'oratoire, xxx s ; et à sept chapelains, chacun xv s. et à maistre Jean Acar pour y avoir couché, xxx s. ; et à Mᵉ Corneille pour y avoir joué des orgues, LX s , et à Nicolas Dubreuil pour avoir sonné le sermon, VII s. VI d. A Remon pour la façon de l'oratoire IIII l. x s. A un homme qui a fait les establies IIII l. XI s. (2).

Ces nouvelles dévotions ne furent pas sans donner lieu à quelques abus. « Les chantres de la cathédrale furent rudement increpez par le chapitre des fautes qu'ils com-

(1) *Archives de la Seine-Inférieure ; Registres capitulaires.*

(2) *Ibid. F. des paroisses de Saint-Laurent et de Saint-Michel.*

mettoient journellement au service de l'église et mesme de ce qu'ils se particuloient et divisoient pour aller chanter en la ville. » V. délibération capitul., 26 avril 1580.

La musique était alors fort en honneur dans les cérémonies religieuses. Aussi aux obsèques de l'organiste de la cathédrale, François Josseline, curé de Mathonville, décédé le 22 avril 1466, enterré aux Célestins, le curé de Saint-Vivien fit-il son oraison funèbre, comme s'il se fût agi d'un grand personnage (1).

NOTE CINQUIÈME.

Personnages présents à Rouen pendant le séjour du roi.

En l'absence du duc d'Epernon, démissionaire (26 mai 1588), et du duc de Montpensier qui n'arriva à Rouen qu'avec Henri III, le gouvernement de la ville et de la province était exercé par deux lieutenants généraux, Tanneguy Le Veneur, comte de Tillières, sieur de Carrouges, et son fils Jacques, comte de Tillières, l'un et l'autre chevaliers des deux ordres du roi, le premier capitaine de 100 hommes d'armes de ses ordonnances, le second capitaine de 50 hommes d'armes des mêmes ordonnances. On leur adjoignit, au moins pendant le séjour du

(3) *Tabellion de Rouen, Meubles*, 2 août 1588.

roi, le sieur de la Noue, l'un des 100 gentils hommes de la maison ordinaire du roi, qualifié de commandant pour le service de S. M. ès chateau et ville de Rouen, auquel on voit rembourser, le 12 juillet 1588, 1,000 écus sol qu'il avait dépensés « durant les nouveaux remuements. »

L'archevêque n'était autre que le cardinal de Bourbon dont bientôt la Ligue devait s'aviser de faire un roi sous le nom de Charles X. Intimement uni avec le duc de Guise, il résidait dans ce temps-là à Paris, et était représenté à Rouen par son suffragant, Jean de Leslie, évêque de Rosse, par ses vicaires généraux Charles de Balsac, Jean Bigues de Saint-Désir, et Michel de Bouju, official. Il avait envoyé pour prêcher le carême, à la Cathédrale, maître Tartier, lequel, suivant son désir et avec la permission du chapitre, prolongea ses prédications jusqu'au 25 juin 1588

Les membres les plus influents du chapitre étaient le chantre Péricard et le chanoine Vigor. Ce dernier avait cherché des excuses pour se dispenser de complimenter d'Epernon à son entrée à Rouen.

Les receveurs généraux des finances étaient Enemond Servyen et Henri Dambray, sieur de Montigny, Saint-Crespin et la Viardière, conseiller du roi, secrétaire de sa chambre.

Personnages de la suite du roi. — François de Bourbon, duc de Montpensier, de Saint-Fergeau et Chastellerault, dauphin d'Auvergne, pair de France, souverain de Dombes, prince de la Roche-sur-Yon, marquis de Mezières, comte de Mortain et de Bar-sur-Seine, vicomte d'Auge et de Brosse, etc... logeait à Rouen, le 5 juillet, en la maison de Geoffroi Raymon, écuyer, sieur de Cussy (1).

Charles, bâtard de Valois, duc d'Angoulême, comte d'Auvergne et de Clermont, fils naturel de Charles IX et de Marie Touchet, connu sous le nom de Grand prieur de France.

Le cardinal Philippe de Lenoncourt; Regnaud de Beaune, patriarche archevêque de Bourges; Anne de Pérusse des Cars, évêque de Lisieux; François Péricard, évêque d'Avranches (2).

Le chancelier de France Hurault de Chiverny, accompagné de Guillaume Chesneau, l'un des 4 chauffecires héréditaires de France.

Nicolas de Neufville, chevalier, sieur de Villeroy, d'A-

(1) *Tabellion. de Rouen, Meubles*, 2 juillet 1588.

(2) On constate sa présence à Rouen le 21 juillet 1588. (*Tabellion. de Rouen, Meubles.*) Peut-être avait-il été attiré à Rouen, moins par la présence du roi dans cette ville que par le besoin de régler des affaires relatives à la succession de son père Jean Péricard, procureur général, avec ses deux frères, Guillaume Péricard, chanoine de Rouen, abbé de Saint-Taurin, plus tard vicaire général du cardinal de Bourbon, et Odard Péricard, et aussi avec Anne Martin, sa mère.

laincourt et de Magny, baron de Bury, premier secrétaire d'Etat (1).

Pierre Brulart, chevalier, sieur de Crosne et de Rouveray, secrétaire des commandements et finances de S. M. (2).

Raymond Phelypeaux, secrétaire ordinaire de la chambre du roi et de la reine sa mère ; Louis Benard, sieur du Plessis, secrétaire ordinaire de la chambre du roi. Autres secrétaires : Gilbert Combaud, Antoine Fachon, Forget, Mathias Lenoir, Noël de Here. A ces noms, il convient peut-être d'ajouter celui de Desportes qui signa, comme secrétaire du roi, des lettres données à Chartres le 14 août 1588.

Trésoriers. — Claude de Montescot, trésorier général de la maison du roi ; Jean Nicot, conseiller du roi, trésorier des menues affaires de sa chambre (le 30 juin 1588, il paye 6 écus à Nicolas Chevallier, chevaucheur ordinaire de l'écurie du roi, tenant la poste aux Tilliers, pour avoir porté 9 paquets de lettres en traverse pour S. M.) ; Vincent Bouhyer, sieur de Beaumarchais, conseiller du roi, receveur et payeur du fait et des dépenses de son écurie ; Jacques Le Roy et Pierre Molan, trésoriers de l'épargne ; Balthasar Gobelin, trésorier général de l'extraordinaire des

(1) Mort à Rouen en 1617.

(2) Brulart possédait des biens près de Rouen, notamment à Mauquenchy et à la Chaussée-du-Vivier.

guerres ; Charles Harcy, trésorier principal dudit extraordinaire ; Germain Le Charron, trésorier dudit extraordinaire ; Antoine Bourderel, trésorier général de l'artillerie du roi. — Henri III avait encore près de lui Nicolas Lescalopier, trésorier général de France, demeurant habituellement à Paris. Avec Sébastien Zamet, gentilhomme piémontais, Barthélemy Cenamy, gentilhomme lucquois, et Nicolas Parent, secrétaire du roi, il conclut, en juillet 1588, bien vraisemblablement pour Henri III, un emprunt de 30 à 40,000 écus sol. La procuration qu'il donnèrent pour cette affaire, le 5 juillet 1588, fut rédigée à Rouen, en la maison de Charles de Saldaigne, secrétaire du roi, maître de ses comptes en Normandie. On voit à Rouen, dans le même temps, Scipion Sardini, autre gentilhomme lucquois, qui paraît avoir été un traitant fort en faveur.

Conseillers d'Etat, chevaliers des ordres du roi, etc. — Christophe d'Allègre, chevalier de l'ordre du roi, capitaine de 50 hommes d'armes des ordonnances de S. M., sieur de Blainville, Croisy, Elbeuf-sur-Andelle, Basqueville, Saint-Aignan ; d'Aumont ; Jean d'Austin, sieur du Hanouard, chevalier de l'ordre du roi, bailli de Dieppe, dont le frère, Réné, était gentilhomme ordinaire de la maison de la duchesse de Longueville ; Méri de Barbezières, sieur de la Roche, Chemerault, Bois-le-Vicomte, chevalier des deux ordres du roi et grand maréchal des logis de sa maison; Bellievre, conseiller d'Etat; Laurent Bouchard, sieur de Coste-Coste, conseiller du roi en son grand Conseil; Remon de Cardillac, chevalier de l'ordre du roi, capitaine de 50 hommes d'armes de ses ordonnances, fils et héritier de Corberan de Cardillac, sieur de Sarlaboz, ancien gouverneur du Havre; de Champigny, conseiller d'Etat; Chandon, conseiller d'Etat; de la Châtre; Antoine de Chaulnes, seigneur de Bures, conseiller du roi, secrétaire et contrôleur général de ses guerres (1); Gilbert Combaut, sieur d'Arcy-sur-Artye, premier maître d'hôtel de S. M.; Claude Delisle, chevalier, marquis de Marivaux; Jean d'Emery, sieur de Villers, maître des Requêtes au conseil d'Etat; François d'Espinay, chevalier, sieur de Saint-Luc, conseiller du roi en son conseil d'Etat, son chambellan ordinaire et lieutenant général pour S. M. en Brouage; Martial de Gay, lieutenant général de la sénéchaussée de Limousin; le sieur de Gesvres, secrétaire du conseil d'Etat; La Grange, conseiller d'Etat; le sieur de Maissy, ambassadeur pour le roi; Christophe-Hector de Marle, sieur de Versigny, Cahors et Challis, maître des Requêtes ordinaire de l'hôtel; de la Mauvissière, conseiller d'Etat; Pierre Miron, chevalier, sieur de Malabry et de Cau-

(1) Sa fille Marthe de Chaulnes, veuve de Nicolas de Raconis, dut épouser noble homme Nau, secrétaire d'Etat de la feue reine d'Ecosse. *Tabellion. de Rouen, Meubles*. 1 juillet 1588.

verville, gentilhomme servant de la maison du roi ; Jean de Moy, s^r. de la Mailleraye, chevalier des ordres de S. M., conseiller du roi en son conseil d'Etat, capitaine de 100 hommes d'armes de ses ordonnances et vice-amiral de France ; Nicolas Moreau, conseiller maître des Requêtes ordinaire du roi, sieur de Toiry et d'Auteuil ; Guillaume de Novince, baron de Crespon, sieur d'Aubigny, conseiller de l'hôtel ordinaire de S. M. et de la reine sa mère, président au Bureau des finances de Caen ; Charles Hallwin sieur de Piennes ; Mathias Poulain, lieutenant de la prévôté de l'Ile-de-France (1) ; de Pontcarré, de Rosières, conseillers d'Etat ; Martin Ruzé, chevalier, seigneur de Beaulieu et de Boisbouchard, conseiller du roi en son conseil d'Etat et super-intendant des vivres, des munitions et des avitaillements de France, qualifié par de Thou (*liber* XCI) *Vir probus et regi apprimè fidus* ; de Sainte-Marie ; Jean de Saussavois (2), chevalier de l'ordre du roi, sieur de Bourry, conseiller et maître d'hôtel du roi ; Jean de Semyer, chevalier de l'ordre du roi, capitaine de 50 hommes d'armes de ses ordonnances, conseiller du roi en son conseil d'Etat et privé ; Gilles de Souvré, chevalier des ordres du roi, sieur de Souvré, Courtanvau,

(1) *Tabellion. de Rouen*, *Meubles*. 21 juillet 1588.

(2) Il avait épousé Louise de L'Hospital. *Tabellion, de Rouen*, *Meubles*. 11 août 1588.

conseiller du roi en son conseil privé et de ses affaires, chambellan ordinaire de S. M., capitaine de 50 hommes d'armes et son lieutenant général en son pays de Touraine; Jacques-Auguste de Thou, l'historien (lui-même rapporte qu'à son retour de la Mailleraye, il vint retrouver le roi à Rouen); Hugues de la Vergne, chevalier de l'ordre du roi; Alexandre de Vieupont, baron du Neufbourg.

Dames: Hippolyte de Caravelly, l'une des dames d'honneur de la reine mère; Marie de la Faiette, veuve de Jean Le Clerc, président aux Requêtes du Palais à Paris; Nicole de Montholon, veuve de Robert du Moncel, sieur d'Assy et de la Haye au Vidame.

Gentilhommes ordinaires de la chambre du roi, suivant la Cour. — Gallien des Bruyères, sieur de Challabre; Olivier de Halegoet, sieur de Carquiesque, gouverneur du Grand prieur de France; François de Mailloc, capitaine de 50 hommes d'armes des ordonnances de S. M.; Louis de Montmorency, chevalier de l'ordre du roi, sieur de Boudeville, Gaillardbois et Livarrot; Gédéon de Mouchy, chevalier de l'ordre du roi, seigneur des Monts de Callimotte, Gonneville, Bibosc, le Boscneuvel, Saint-Victor la Campagne et Beaumanoir; François d'Orléans, marquis de Rothelin, baron de Varenguebec, châtelain de Beuzeville, capitaine de 50 hommes d'armes des ordonnances du roi; Jean de Tadday, qui précédemment avait commandé la garnison de Jargeau; peut-être encore Martin d'Espinay, sieur du lieu, de Boscheroult, capitaine de Louviers, que l'on voit résider aux *Vifs* (les Vieux) le 8 août 1588.

Gardes du corps du roi. — Trois compagnies de cent archers chacune, tous gentilshommes.

1° *Compagnie d'Entragues* (Charles de Balzac sieur de Clermont d'Entragues). — Archers : Michel Aulbin, Gilles de la Barre; Louis de Carrière, sieur du Gars ; Gabriel de Dampont, François Ducay, sieur de la Mairie, Jean Dulac, Réné de La Garrye, sieur du lieu, Jean de Guettrote, Louis de Laillet, sieur de la Baisserye, Louis de Lolinville, Pierre de Mitifflliot, François Le Roux, sieur de Trenchand, Antoine Le Tymbre, sieur de Montretaulme, François de Marvillier, sieur de Meninville, capitaine exempt ; Pierre de Lucques, sieur de la Rochebrot, maréchal des logis. Balzac d'Entragues, pourvu du gouvernement d'Orléans, était connu pour un ami des Guise au moment des troubles. Il fut tué à la bataille d'Ivry en 1590.

2° *Compagnie de Larchant* (Nicolas de Grimouville, sieur de Larchant, Auteuil, la Boulaye, baron et châtelain de la Ferté-Aucoul et Chauvigni, chevalier des deux ordres du roi, conseiller du roi en son conseil d'Etat et privé.) — Archers : Pierre Chevart ou Chevat, Pierre Le Roy, sieur d'Ouville et des Essarts, Barthélemy Quarendet de Saint-Remy, Isaac Sarrebource, Anselme de Villiers. Larchant signait de son nom de Grimouville. Ce fut lui qui eut la principale part dans l'assassinat du duc de Guise. Le même nom de Larchant était porté à la même époque par Louis de Grimouville, sieur de Larchant, Chambrey et Bourdigny, capitaine de cinquante hommes d'armes des ordonnances. (*Tabellion. de Rouen*, 18 juin 1588.)

3° *Compagnie de Manou* (Jean d'O, sieur de Manou et de Courteilles). — Archers : Yves Brachet, sieur du Puis-Mescheron, Pierre Derraine, sieur de Bains, Guillaume du Petit, sieur de Chevreuse près Soissons, Noël du Tertre.

Garde Écossaise, composée également de cent archers sous la charge de Joachim de Chasteauvieux, sieur de Verjon, chevalier de l'ordre du roi. — Archers : Jacques Dorigne, Alexandre de Larmont.

Garde Suisse. Les registres du tabellionage de Rouen, qui m'ont été obligeamment communiqués par mon ami M. Gosselin et dans lesquels j'ai recueilli, çà et là, les noms qui précèdent, citent, comme appartenant à cette garde, le lieutenant Balthasar de Grisard, et le capitaine noble homme Christophe Reguet. Ce dernier, le 10 juillet 1588, cautionne Nicolas Choubert, médecin allemand, pour le paiement de 221 écus dont celui-ci demeurait redevable envers le maître de l'hôtel des Trois-Maures pour dépenses faites en cet hôtel.

Chaque archer de la garde du roi (française ou écossaise) recevait, par quartier, 29 écus sol, 12 s. 6 d. pour ses gages ordinaires, droit de guet et entretien de hoqueton. Ces gages étaient payés par les trésoriers et payeurs des compagnies : Jean Sauduboys pour celle de Larchant, Jean Foré pour celle de Manou, Antoine de Larche pour celle de Chasteauvieux.

Je ne sais à quelle compagnie appartenait Jean de Courseulle, sieur du Rouvray, chevalier de l'ordre du roi, gentilhomme ordinaire de sa chambre, présent à Rouen, comme lieutenant des gardes du corps de Sa Majesté, le 1er juin 1588.

Philippe de Grasquet dit du Bossent, écuyer en la grande écurie du roi aux gages de 16 écus 2 tiers d'écu par quartier.

François Edevyn, maréchal ordinaire des logis du roi.

Pierre Pena, conseiller médecin ordinaire du roi ; Nicolas Pinot, apothicaire du roi ; Jean Luillier, sieur de Beauregard, l'un des porte-manteaux ordinaires, aux gages de 200 écus de pension ; Jean De Camp, sommelier en chef d'échançonnerie du roi, aux gages de 33 écus un tiers par quartier ; Jean Savarre sieur de Vaulibert, Pierre Regnard, Nicolas Roger, Hector Assanys, sommeliers du gobelet ; Nicolas Carré, valet de fourrière, demeurant habituellement à Amboise ; Guillaume Remois, tailleur et valet de chambre du roi (donne quittance le 9 juillet de 50 écus sol à lui payés par Me Antoine Berard, pour diverses fournitures) ; François Beaurepaire, armurier, aux gages de 5 écus sols par quartier; Barthélemy dit Bachin, capitaine des mulets du roi.

NOTE SIXIEME.

Sur les pièces réimprimées dans ce volume.

Les trois plaquettes contenues dans cette publication, ont été réimprimées par les soins des Bibliophiles normands, la première d'après un exemplaire conservé à la Bibliothèque impériale; la seconde d'après un exemplaire appartenant à la Bibliothèque de Rouen, et sur une copie faite par M. Stéphano de Merval; la troisième, d'après un exemplaire appartenant à la riche bibliothèque de notre confrère M. Méry.

Ces documents se trouvaient signalés dans la *Bibliothèque de la France*, du P. Le Long, et dans le *Manuel du Bibliographe Normand*, de M E. Frère.

On doit à Jean de Seville, auteur du premier de ces opuscules, un livre intitulé : « *Le compost manuel calendier et almanach perpetuel recueilli et reformé selon le retranchement des dix jours, etc., par J. de Seville, dit le Soucy, Médecin mathematicien.* Cet ouvrage, imprimé pour la première fois en 1587, reimprimé en 1595 chez Thomas Mallard, est dédié au duc de Joyeuse, gouverneur de Normandie. Dans la dédicace l'auteur annonce « qu'il a passé la pluspart de son aage à instruire la jeunesse aux mathématiques principalement des costes marines et dressé les instruments mathématiques comme astrolabes et cartes servans à la navigation. »

M. E. Frère signale du même auteur une publication intitulée :

L'Art de naviguer de Pierre de Médine, Espagnol, contenant toutes les reigles, secretz et enseignements necessaires à la bonne Navigation. Traduit de Castillan en François par Nic. de Nicolaï, du Dauphiné, géographe du roi Henri II. Nouvellement reveu par Jean de Seville dit le Soucy, médecin mathématicien géographe et hydrographe du roy. Rouen, Manassès de Préaulx. 1628. In-4° avec gravures sur bois. — C'est tout ce que nous savons de cet auteur, dont le nom nous paraît indiquer une origine espagnole.

TABLE DES MATIÈRES.

ROUEN. — IMP. DE H. BOISSEL.

www.ingramcontent.com/pod-product-compliance
Lightning Source LLC
Chambersburg PA
CBHW071815090426
42737CB00012B/2101
9782014520293